RESEARCH REPORT ON
QUANTUM INFORMATION TECHNOLOGY OF
ELECTRIC POWER IN HUBEI

湖北省电力量子信息技术研究报告 2023

中国电力科学研究院　组编

图书在版编目（CIP）数据

湖北省电力量子信息技术研究报告 . 2023 年 / 中国电力科学研究院组编 . -- 北京 : 中国电力出版社，2024. 12. -- ISBN 978-7-5198-9637-9

Ⅰ . F426.61

中国国家版本馆 CIP 数据核字第 2024W6D116 号

出版发行：中国电力出版社
地　　址：北京市东城区北京站西街 19 号（邮政编码 100005）
网　　址：http://www.cepp.sgcc.com.cn
责任编辑：周秋慧（010-63412627）　刘子婷
责任校对：黄　蓓　常燕昆
装帧设计：王红柳
责任印制：石　雷

印　　刷：北京九天鸿程印刷有限责任公司
版　　次：2024 年 12 月第一版
印　　次：2024 年 12 月北京第一次印刷
开　　本：889 毫米 ×1194 毫米　16 开本
印　　张：6
字　　数：114 千字
定　　价：98.00 元

前言

FOREWORD

随着近代物理学的迅速发展，量子信息技术正成为引领下一代技术革命的前沿领域。量子信息技术基于量子力学原理，在提高测量精度及灵敏度、保障通信安全、提升信息处理速度等方面展现出令人瞩目的潜力，已成为信息技术演进和产业升级的关注焦点之一。特别是在电力行业，量子信息技术的应用前景广阔，将为提升电力系统的安全性、稳定性和效率提供全新的解决方案。

湖北省作为中国的电力枢纽，地理位置得天独厚，自然资源丰富。湖北电网是覆盖全省城乡6000万人的现代化大电网，同时也是三峡电力外送的起点、“西电东送”的重要通道、“南北互供”的核心、全国联网的中心，在全国电力网络中地位显著。这一角色不仅使湖北省在国家电力格局中占据重要地位，也对其电力网络的安全性、稳定性、可靠性提出了更高的要求。

在国家政策的大力支持下，湖北省在量子信息技术研究与应用方面正受到高度重视，并为未来发展打下坚实基础，在电力领域应用量子信息技术的前景广阔。发展量子信息技术在电力领域的应用，将极大地提高电网测控技术的灵敏性、灵活性和应急备灾保障能力，从而更好地应对自然灾害、突发事件、战争等极端状况，为国家能源安全和电力供应稳定作出贡献。

为了更好地理解量子信息技术，引领湖北省电力能源行业的新技术变革，中国电力科学研究院组织团队撰写了《湖北省电力量子信息技术研究报告（2023年）》。本报告围绕湖北省电力领域的发展需求，全面梳理量子信息技术领域的国内外研究情况和成果，结合具体案例展现量子信息技术在湖北省电力行业的应用情况，研判电力量子信息技术的发展趋势，针对湖北省电力量子技术发展面临的挑战提出建议。本报告内容共分为7章，相关章节内容安排如下：

第1章电力量子信息技术发展背景，回顾了全球量子信息技术的发展历程，强调了其在推动新一代信息技术革命中的关键作用。

第2章量子信息技术简述，简要回顾了量子信息理论的发展历史，并详细介绍了量子计算、量子通信和量子测量等核心技术。

第3章湖北省量子技术发展现状与优势，探讨了湖北省在量子技术发展中的独特优势，包括有力的政策支持、扎实的研究基础、完善的产业链条、丰富的人才资源和多样的应用场景。

第 4 章湖北省电力行业特色与产业优势，分析了湖北省电力行业的独特优势，如作为电力核心枢纽、铁路交通要津、世界水电之都和舰船电力摇篮的地位。

第 5 章湖北省电力量子体系架构规划，提出了湖北省在电力量子技术方面的总体目标和技术体系规划。

第 6 章湖北省电力量子应用示范工程场景展望，展望了几个具有代表性的示范应用场景，如量子变电站示范工程场景、水电站量子应用示范工程场景、舰船电力量子示范工程场景和地 – 月空间电力量子示范工程场景。

第 7 章湖北省电力量子科技产业发展建议，分析了湖北省在推动电力量子技术产业化过程中面临的挑战，并提出了一系列政策建议。

本研究报告的完成，是各方共同努力的结果。在此，特别感谢参与编撰工作的各位专家学者，他们以专业的知识和丰富的经验，为本研究报告的编写提供了坚实的基础。同时，也要感谢湖北省各级政府部门和企业的支持与配合，为编撰提供了宝贵的数据和资料。

通过本研究报告的发布，我们希望进一步推动湖北省量子信息技术的发展与应用，促进电力行业的智能化转型和高质量发展。让我们携手并进，共同迎接量子时代的到来，为电力事业的发展注入新的活力和动力。相信在各方的共同努力下，湖北省将在量子信息技术与电力行业的融合发展中取得更加辉煌的成就。

“学然后知不足，教然后知困。”我们深知科研探索永无止境，每一次的突破都源自无数次的尝试与修正。本研究报告虽是我们的一家之言，但初衷是为了激发业界的共同思考。受编者水平所限，书中难免存在不成熟和疏漏之处。我们始终铭记“三人行，必有我师”的古训，保持谦虚和开放的态度真诚地邀请大家对报告中的不足之处提出宝贵的批评和建议。我们期待与业界同仁携手合作，不断深化科研探索，继续努力为湖北省电力事业的发展贡献更多的智慧和力量。

编者

2024 年 5 月

目录

CONTENTS

目录

CONTENTS

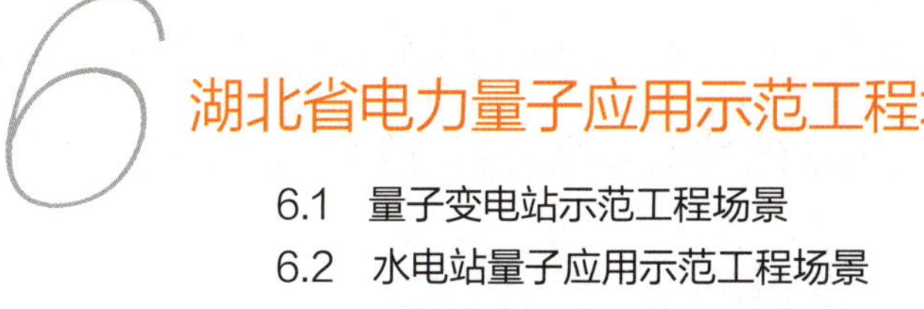

1 电力量子信息技术发展背景

1.1 促进新一代信息技术的革命

随着近代物理学的迅速发展，量子信息技术正成为引领下一代技术革命的前沿领域。量子信息技术基于量子力学原理，在提高测量精度及灵敏度、保障通信安全、提升信息处理速度等方面展现出令人瞩目的潜力，已成为信息技术演进和产业升级的关注焦点之一。

量子信息技术包括量子测量、量子通信、量子计算等方向。利用微观粒子系统及其量子态的微观尺度测量，在测量精度、灵敏度、稳定性等方面比传统测量技术有优势；利用量子力学的原理，为处理和传输信息提供了全新的可能性，如量子纠缠和量子叠加等现象在理论上能够显著提高处理信息的速度和安全性；随着量子算法和量子错误纠正技术的发展，可实现具有经典计算技术无法比拟的巨大信息携带量和超强并行计算处理能力。

当前，量子信息技术正逐步从概念验证走向落地实践，作为一种基础性的“底座技术”，可广泛服务于国防军事、金融、生物医药、交通、电力能源等众多行业，比如“量子计算＋金融”“量子保密通信＋政务专网”“量子测量＋电力能源”等，为行业赋能以加快形成新质生产力。

1.2 有力推进未来产业的发展

近年来，越来越多的国家或地区将量子信息技术纳入国家战略之中。截至2023年12月，英国、美国、中国、法国、德国、俄罗斯等超过30个国家/地区和2个国际组织发布了统一的国家量子科技计划或法案以支持本国量子科技发展。美国国防部先进研究项目局（DARPA）在20世纪90年代就已着手布局量子科技，且在2002年发布了《量子信息科学和技术发展规划》，并于2018年12月成立国家量子计划咨询委员会，负责对量子计划进行监督和评估。此外，美国高度重视量子与能源技术融合。2022年，美国签署了《芯片和科学法案》，对《国家量子倡议法案》进行了修订并建立能源部（DOE）计划，促进美国量子计算资源的竞争性。

我国将量子科技视为国家战略目标，党中央对此高度重视，并组织专项学习。在《“十四五”数字经济发展规划》《计量发展规划（2023—2035）》《关于推动未来产业创新发展的实施意见》等多个国家政策文件中，都明确量子信息技术的重要性，要求以科技创新引领量子科学的现代化产业体系建设。

1.3 为电力领域科技创新赋能

建设以新能源为主体的新型能源体系是电力领域实现“双碳”目标的根本途径。随着数量众多的新能源、分布式电源、新型储能、电动汽车等接入，电力系统信息感知能力不足，现有测量与调控技术手段无法做到全面可观、可测、可控，调控系统管理体系不足以适应新形势发展要求。电网控制功能由调控中心向配电、负荷控制以及第三方平台前移，电网的攻击暴露面大幅增加，电力系统已成为网络攻击的重要目标，网络安全防护形势更加复杂严峻，电力系统重点环节网络安全防护能力亟须提升。高比例新能源、新型储能、柔性直流输电等电力技术快速发展和推广应用，系统主体多元化、电网形态复杂化、运行方式多样化的特点愈发明显，对电力系统安全、高效、优化运行提出了更大挑战。

发展量子信息技术在电力领域的应用，将极大地提高电网测控技术的灵敏性、灵活性和应急备灾保障能力，从而更好地应对自然灾害、突发事件、战争等极端状况，为国家能源安全和电力供应稳定作出贡献。量子电压和电流传感器可以提供高精度的电压和电流测量，帮助电力系统实时监测电力负荷和设备状态，及时发现和应对潜在问题。芯片级分子时钟可以提供高稳定性的时间基准，确保电力系统各个环节的同步和协调运行，提高电网的可靠性和安全性。量子密钥分发网络可以确保变电站间关键数据的安全传输，防止敏感数据泄露；而量子安全视频会议系统则能提供安全、稳定的远程会议服务，满足电力各级单位的通信需求，提升会议信息传输的稳定性和安全性。量子计算在潮流计算与分析、机组组合优化、故障诊断、位置选择等方面展现出巨大潜力。通过量子计算，可以实现指数加速、更高效的计算效率和收敛性能，以及更准确的预测或更广泛的泛化能力。

1.4 为湖北电力产业链升级助力

湖北电网见证了中国电力工业的快速发展，拥有多项“第一”的工程，湖北电网是覆盖全省城乡 6000 万人的现代化大电网，同时也是三峡外送的起点、“西电东送”的重要通道、“南北互供”的核心枢纽、全国联网的中心，在全国电力网络中地位突出。依托九省通衢枢纽地位，湖北省高铁网络是全国高铁网络重要枢纽，高铁牵引供电工程规模庞大。湖北省也是舰船电力摇篮，在舰船电力技术的电磁弹射方面取得了显著成就，该技术是航空母舰的核心技术之一。

湖北省地理位置得天独厚，自然资源丰富，电力应用场景广阔，量子信息技术将为湖北省量子电力行业产业链升级注入新的活力。依托湖北电力雄厚的历史底蕴，聚焦量子测量的电力基标准建设、计量溯源体系、电力量子传感、量子通信、量子计算等方面的基础前瞻和应用研究，建成以量子技术为核心、科技水平一流、符合湖北电力特点的现代先进电力测量－通信－计算体系，形成量子电流互感器、量子局放测试仪、电力量子加密通信等一系列电力产品，打造国际知名的电力量子企业，促进湖北电力产业链升级，助力湖北省电力高质量发展。

2 量子信息技术简述

2.1 量子信息理论的发展

量子力学是描述微观世界中粒子行为的理论框架，于 20 世纪初由一系列科学家共同建立。1900 年普朗克提出了量子假设，为量子理论的发展奠定了基础；1905 年爱因斯坦提出光电效应理论，将光看作粒子，为光子概念的确立做出了贡献；1913 年玻尔提出了氢原子的量子模型，成功解释了氢光谱的谱线；1924 年德布罗意提出了波粒二象性假设，认为物质粒子具有波动性质；1926 年薛定谔提出了薛定谔方程，描述了量子力学中粒子的运动规律；1935 年爱因斯坦、波多尔斯基和罗森提出爱因斯坦－波多尔斯基－罗森悖论（EPR 悖论），挑战了物理学家对物理现实和局部性的传统看法，迫使他们重新审视和思考量子力学所揭示的世界的本质和特征；1948 年费曼提出了费曼图、费曼路径积分、部分子模型等创新的概念和方法；1964 年贝尔提出贝尔不等式，为量子力学的基础理论提供了重要支持；1984 年查尔斯·本内特（Charles H. Bennett）和吉尔·布拉萨德（Gilles Brassard）等人发布用于量子密钥交换的 BB84 协议；1994 年肖尔提出大数的质因数分解算法（Shor 算法），让人们看到了量子计算机对加密领域的巨大威胁，从而加速了人们对量子计算机的研究进程；2022 年诺贝尔物理学奖授予量子信息领域的三位科学家，表彰他们通过纠缠光子实验，验证了贝尔不等式的不成立，进一步支持了量子理论的基本原理，这些成果开创了量子信息科学。量子信息理论的发展如图 2-1 所示。

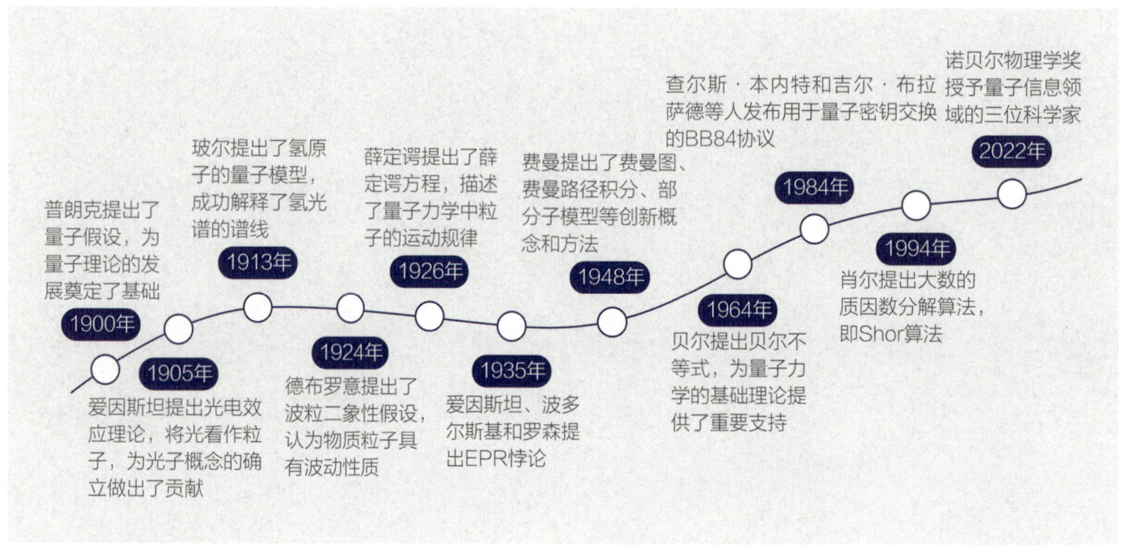

图 2-1　量子信息理论的发展

2.2 量子信息技术的简介

量子信息是一种未来产业技术，从整体上看，量子信息技术正处于从基础科研与实验探索向产品研发与应用探索过渡的早期阶段，从技术发展进程看，正处于从基础研究向工程应用的关键节点，特别是“量子 +”多学科和多场景应用贯通，将成为助力量子信息产业迅速成长的新通道，有望在数字经济、金融科技、信息安全、能源材料、生物医疗、航空航天等领域产生颠覆性应用。

2.2.1 量子测量

量子测量是一种基于微观粒子系统及其量子态的微观尺度测量，可测量磁场、电场、时间、重力、惯性 / 加速度等多种物理量，在测量精度、灵敏度、溯源性等方面比传统测量技术更有优势。

目前，最常用的技术是利用金刚石氮空位（NV）色心进行磁场测量。金刚石 NV 色心结构及磁共振谱如图 2-2 所示。金刚石 NV 色心是由金刚石中的氮原子取代碳原子，并与附近的空穴形成的点缺陷。在外部磁场的作用下，NV 色心的能级结构会发生改变。通过使用激光

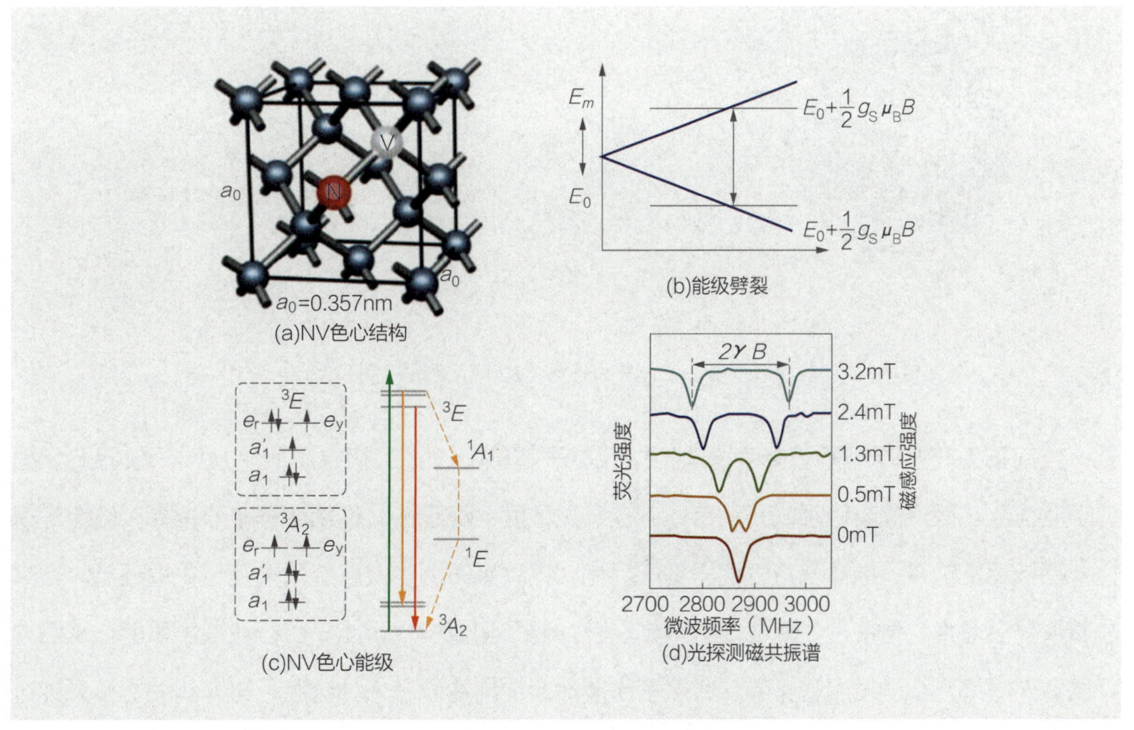

图 2-2 金刚石 NV 色心结构及磁共振谱

和微波对其量子态进行制备、操控和读取，可以获取测量信息，实现对磁场的探测，灵敏度可达到 fT（10^{-15}）级别。基于 NV 色心的磁传感技术具有高灵敏度、固态介质的高可靠性以及高集成化的优势。

针对金刚石 NV 色心的精密磁场测量技术的研究，主要集中在高灵敏度测量方法和集成小型化两个方面。

根据英国国家量子技术传感器和计量学领域中心的量子传感器发展路线图，量子测量产业的发展可以分为专用量子传感器、工业级量子传感器和消费级量子传感器三个阶段。在电力量子领域，电压互感器和电场传感器是核心应用场景。其中，一种具有代表性的传感器是基于里德堡原子的。里德堡原子是指主量子数大于 20（$n>20$）的高激发态原子。它们通过临近量子态的电偶极跃迁来实现电场传感。这种传感器的原子极化率与主量子数的七次方（n^7）成正比，相互作用强度与主量子数的四次方（n^4）成正比，光谱线宽与主量子数的三次方（n^3）成反比。里德堡原子通常以碱金属原子蒸气为介质，可以对静电场、微波电场和射频电场进行测量，具有良好的可溯源性、高灵敏度和大动态范围。

针对里德堡原子的精密电场测量技术研究，主要围绕高灵敏度测量方面展开。里德堡原子技术如图 2-3 所示。

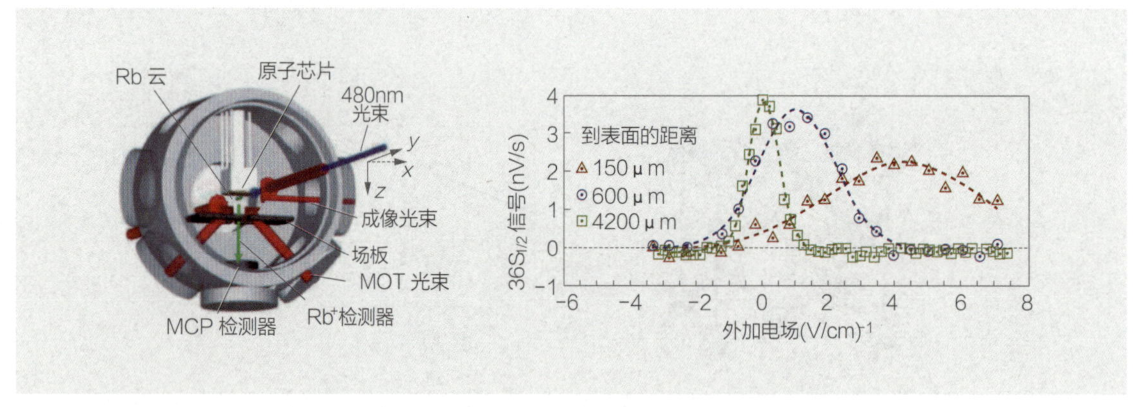

图 2-3 里德堡原子技术示意图

当前正处于从专用量子传感器向工业级量子传感器过渡的初始阶段，从科研仪器逐步面向工业检测、医疗健康等领域开拓市场，提升灵敏度、稳定性、性噪比等核心指标，健全设备性能指标评价体系，推动已有工程样机产品化，完善量子测量仪器应用验证是关键任务，未来随着仪器可靠性、便携性、集成性进一步提升，量子测量技术赋能千百行业成为可能。从细分领域看，时间测量的发展趋势是从冷原子微波喷泉钟向冷原子光钟过渡，再向纠缠原子光钟过渡；微弱电磁场测量方面，低成本及对样品测量的低损和无损方面也是重要的发展趋势；原子干涉重力仪的发展趋势是集成化、小型化，便捷化和低成本等；量子激光雷达的发展趋势是在兼顾探测距离和时空分辨率的基础上，通过更大红外范围波长的选择、更低的光功率及更灵敏的探测能力等实现人眼安全、低成本、集成化等实用化目标。量子测量预计 2035 年将进入消费级量子传感器阶段，为前沿科研、计量基准、航空航天、生物医疗、工业检测、资源勘探、能源电力、气象环保等众多垂直行业应用赋能，成为加速产业升级的催化剂。

2.2.2 量子通信

量子通信是一种新型的通信方式，它利用量子态作为信息的载体。这种技术涉及量子密码调制、量子远程传态和量子密集编码等多个方面，其典型的应用形式包括量子密钥分发（QKD）和量子隐形传态（QT）。其中，量子密钥分发技术是一种能够抵抗量子计算破译的关键密码技术，它的安全性可以达到最高的信息理论安全等级。这是目前最成熟的量子通信技术，并且已经进入产业化阶段。

在 QKD 的众多通信协议中，离散变量方案中的诱骗态 BB84 协议是最成熟、应用最广泛的协议。基于 BB84 协议的光纤量子密钥分发设备已经实现了较大规模的商用。单量子制备测量（BB84 协议）方案原理如图 2-4 所示。BB84 协议方案实现量子密钥分发的工作流程包括发送方制备编码（对离散变量常用偏振、相位、时间进行编码）的单量子态、传输、接收方测量解码，然后双方通过经典通信进行筛选比对、误码检测和纠错、保密增强。

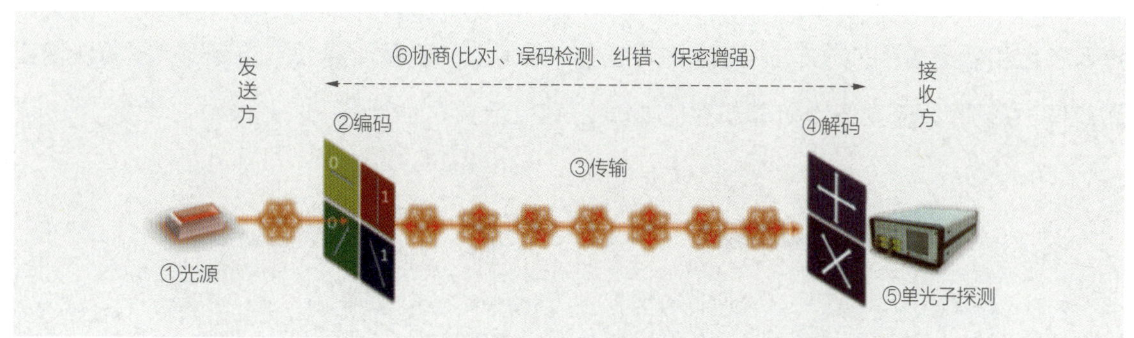

图 2-4　单量子制备测量（BB84 协议）方案原理图

量子隐形传态是一种有效的量子状态传递手段，它是实现量子系统互联互通的核心技术。除了基于量子物理的密码技术外，还有一种基于数学算法的密码技术，即后量子密码（PQC），它是抵御量子时代信息安全威胁的另一条路径。与 QKD 相比，PQC 的优势在于它的部署不需要专用硬件，可以直接嵌入现有的信息设备安全模块中，“PQC+QKD”的融合方案也是当前的重点探索方向。

量子通信的应用发展分为三个阶段：短期是量子保密通信阶段，应用量子密钥分发技术，为国防、政务、能源等用户提供高安全的数据传输和通信服务；中期是量子安全互联网阶段，以量子密钥分发技术为基础构建广泛的密钥管理网络，结合量子安全的密码算法，为企业、金融、医疗、个人消费、云数据、电信服务等提供系统性的量子安全服务；远期是量子信息网络（量子互联网）阶段，即随着量子中继、量子计算机、量子传感及测量等技术的成熟，应用量子隐形传态等量子通信技术手段，依托星地一体的广域量子通信网络，实现量子安全网络、量子云计算网络、量子传感网络等网络服务。目前在工程技术实现方面，我国已经进入了应用发展路线图的中期阶段，预计再需要 10 年左右的时间，有望进入发展路线图的远期阶段。

2.2.3 量子计算

量子计算是一种新型的计算模式，它以量子比特为基本单元，利用量子叠加和干涉等原理实现并行计算。这种技术能够在某些计算难题上提供指数级加速，为大规模计算问题提供解决方案。目前，量子计算仍处于多种技术路线并行的发展阶段。各路线都显示出不同的技术优势，并沿着国际学术界公认的“三阶段”路线图发展，即量子计算优越性、专用量子模拟机和可编程通用量子计算机。如今，量子计算已进入含噪声的中等规模量子（NISQ）时代，其计算能力已超越超级计算机，实现了量子优越性。在硬件方面，主要趋势是持续提升量子比特数、量子比特质量和稳定性、量子门速度和保真度等性能指标。在软件方面，发展方向是通过云平台和量超融合的方式，探索金融、医药、能源、人工智能等领域的专用量子算法和应用软件。量子计算机和经典计算机对比如图 2-5 所示。

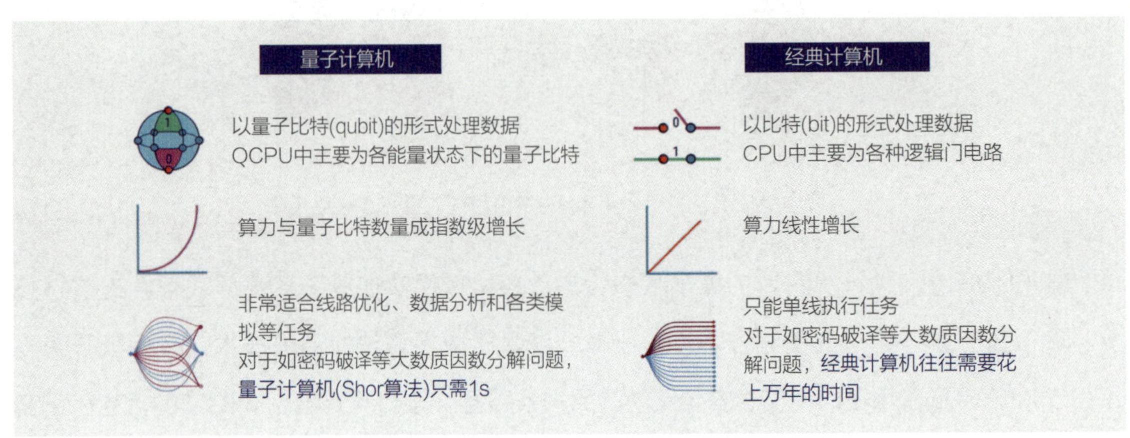

图 2-5　量子计算机和经典计算机对比

2.2.3.1 量子计算机硬件

量子计算的概念最早于 1982 年由美国物理学家费曼（Feynman）提出，在肖尔（Shor）和格罗夫（Grover）发明了以其名字命名的量子算法后，量子计算机进入快速发展期，量子计算机的分类主要依据其实现方式，包括超导电路、离子阱、光量子和中性原子等技术路线。

超导电路是一种基于约瑟夫森结和其他超导元件构建的非线性量子谐振电路。它们可以根据电荷、相位和磁通等自由度编码量子信息。其中，Transmon 及其变体是当前主流的类型之一，此外还有磁通量子比特、Fluxonium 等常见类型。这些超导量子比特因其制造精度高和易于集成等特点，被广泛应用研究。超导量子计算机如图 2-6 所示。

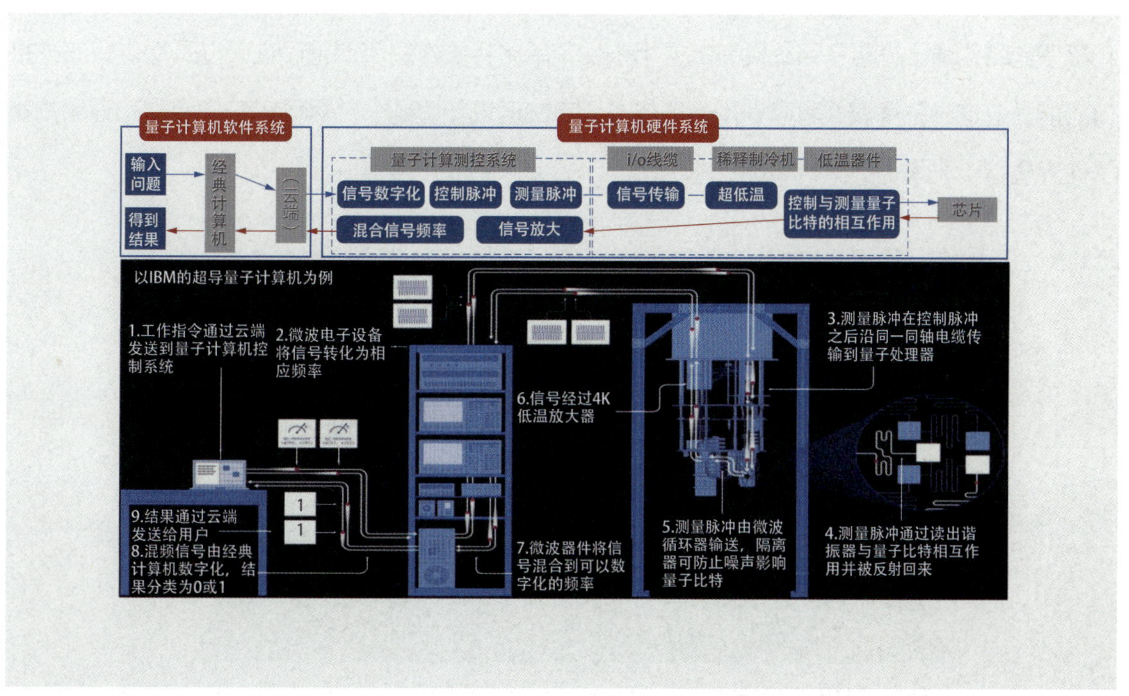

图 2-6　超导量子计算机示意图

离子阱量子计算技术使用囚禁在射频电场中的离子作为量子比特的载体。这些离子通过激光或微波的精确操控，实现量子信息的编码和处理。离子量子比特的独特之处在于其稳定性和一致性，这些性质主要取决于离子的种类和周围的磁场环境。这种技术与其他基于人造材料（如超导或量子点）的量子比特相比，因其一致性和高度稳定性而备受关注。离子阱量子计算机如图 2-7 所示。

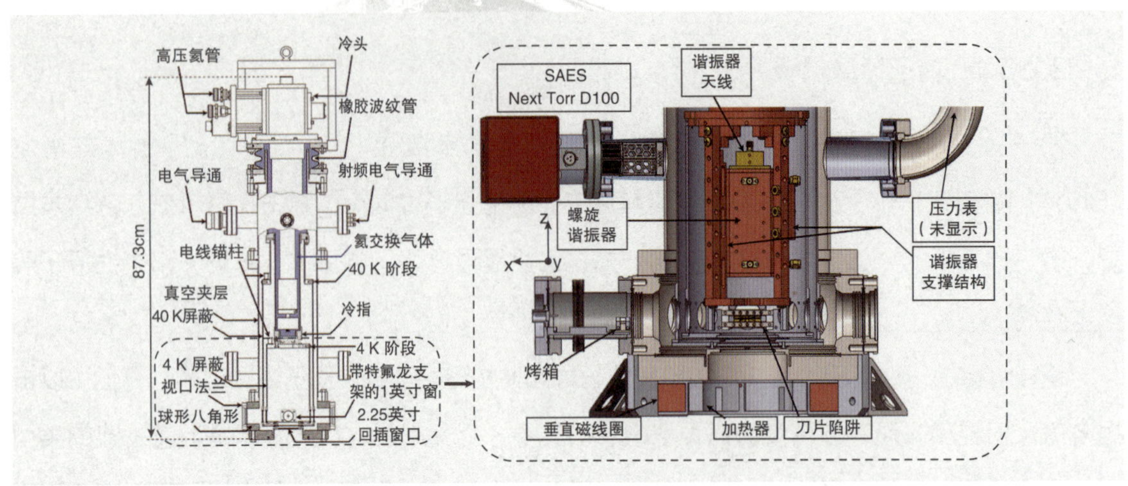

图 2-7　离子阱量子计算机示意图

光量子信息技术路线利用光子的多种自由度（如偏振、相位和时间位置）进行量子态编码和量子比特构建。光量子系统具有抗退相干性、单比特操作的简单精确性，以及提供分布式接口的能力。这种计算模式可以利用光子的多个自由度进行编码，并且可以分为专用和通用的量子计算模型。光量子计算机如图 2-8 所示。

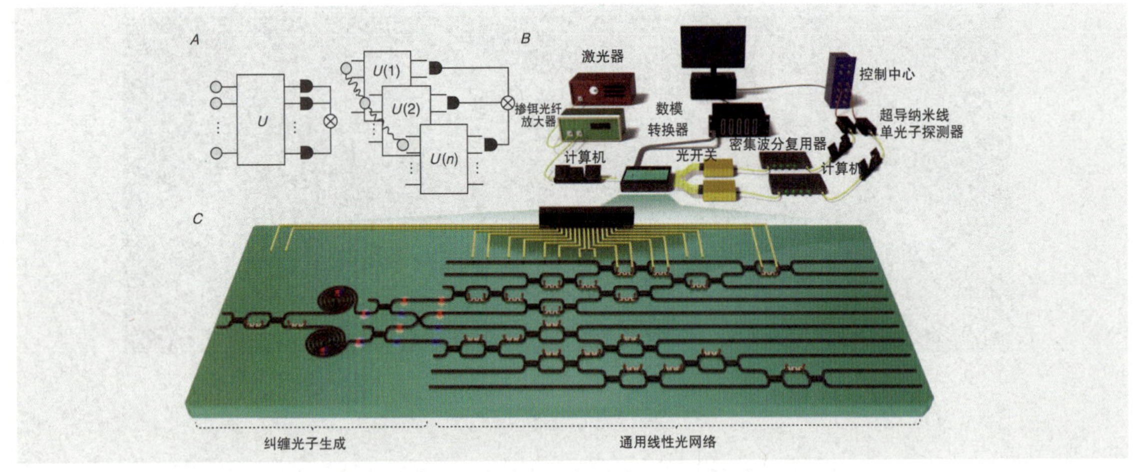

图 2-8　光量子计算机示意图

U—整体的量子计算；*U*（1），*U*（2），…，*U*（*n*）—具体的量子计算

中性原子量子计算技术使用激光冷却和囚禁技术，在光阱中形成中性原子阵列。这种技术以单个原子的内部态能级编码量子信息，并通过微波或光学跃迁实现其操作。利用里德堡阻塞效应或自旋交换碰撞，实现多比特操作。中性原子系统因与环境的耦合弱、量子比特相干时间长、相邻原子间距离适中且易于独立操控，因此串扰低，且具有良好的可扩展性。中性原子量子计算机如图 2-9 所示。

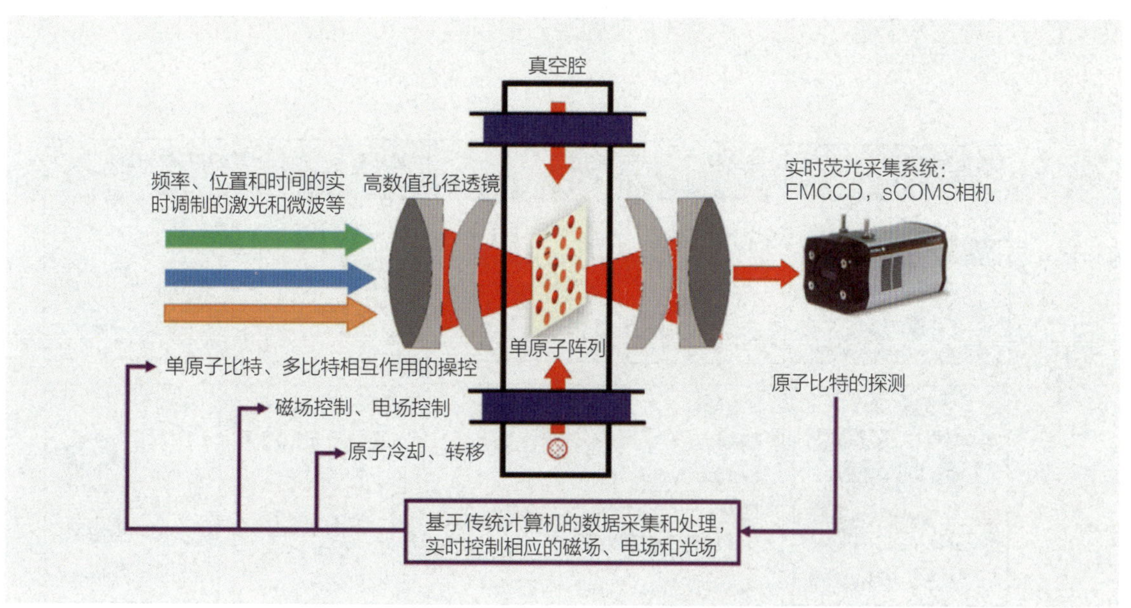

图 2-9　中性原子量子计算机示意图

2.2.3.2　量子计算算法和软件

量子计算算法和软件是量子计算机的核心。量子算法利用量子比特的多态性和纠缠性，理论上超越传统计算机的处理速度。量子算法包括 Shor、Grover、HHL、QSVM、VQE、QAOA 等，其中，Shor 算法和 Grover 算法最具影响力，前者能在量子计算机上快速分解大质数，后者则能加速大数据集的搜索。量子软件，如 IBM 的 Qiskit、Google 的 Cirq、Microsoft 的 Quantum Development Kit 等，使研究人员和开发者能在量子硬件上设计、模拟和测试量子算法。

2.3　量子信息技术的发展现状

2.3.1　产业现状与发展趋势

中国量子信息技术产业链的自主完备性方面，上游主要环节已有中国企业的身影，但从产品角度来看，一些产品与国际细分市场占有率高的产品相比还有差距；中游方面，由于是新兴产业，大部分与国外发展齐头并进；下游方面，中国研究机构与行业应用方的合作较少，并且与广泛的不同行业的大型企业合作较少。

量子信息技术上游、中游、下游产业链图谱分别如图 2-10~ 图 2-12 所示。

图 2-10　量子信息技术上游产业链图谱

图 2-11　量子信息技术中游产业链图谱

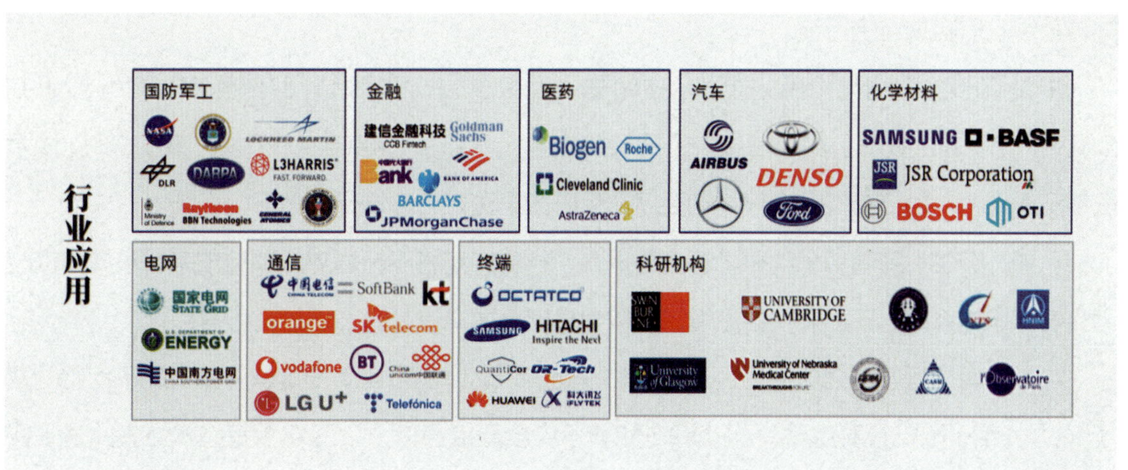

图 2-12 量子信息技术下游产业链图谱

2.3.1.1 量子测量产业

上游环节中，中国在光学相关领域具有较强自主能力，但高端设备仍需进口，未来需要加强自主研发。材料方面，特殊金属元素的采购较困难，主要由核工业单位制造。部分上游供应商与量子通信、安全产业和量子计算产业重叠。

中游环节中，微波原子钟较为成熟但产能有限，光钟仍处于实验室阶段，CPT 原子钟和芯片级原子钟已商业化，其他技术如原子磁力仪、里德堡原子测量和金刚石 NV 色心传感等正处于应用验证阶段。

下游环节中，除了原子钟的应用较普遍，其他领域的应用推广较国外存在差距。

总体来说，当前量子测量产业发展处在早期阶段，尚不具规模，产业资源集中在核心系统设计及整机的工程化开发中。主要原因包括：①在大规模应用推广到来之前量子测量的应用对上游的牵引力还不足，导致上游有实力的元器件及工艺厂商在面向量子产业的研发投入不足，制约了产业的整体发展；②量子测量领域的技术门槛比较高，需要一定的专业知识和技术积累，对人才的专业素养要求严格，目前大部分的量子测量企业都是从高校或者科研院所孵化的，或者具有军工背景；③除了原子钟、量子磁力计具有明确的民用场景外，其他量子测量技术主要定位于非民用、非工业的应用场景，面向军队或政府等特殊领域的封闭市场，不适于商用推广。

2.3.1.2 量子通信产业

上游环节中，主要供应商多为各领域的领先公司。量子随机数发生器发展迅速，成本降低，市场前景明朗，吸引了大量初创公司。中国在国际局势下强调国产化，需进行产品性能和材料升级，以实现自主可控。

中游环节中，国内 QKD 技术全球领先，但 PQC 技术需追赶欧美国家。需继续研究 QKD+PQC 融合技术，实现信息抗量子计算安全，不断提升综合技术解决方案。QKD 技术虽然已产业化，但仍有提升空间，需要跟随科研成果迭代，并制定相关行业标准。

下游环节中，随着量子计算机算力的提升，行业应用将不断增加，预计未来量子计算机破译当前密码体系时，下游规模会激增，并按信息安全要求进行有节奏的应用推广。

当前，量子保密通信产业仍处在应用的早期阶段，诸多方面尚未定型，基于量子密钥分发（QKD）、量子随机数发生器（QRNG）和量子安全直接通信（QSDC）等技术方案的量子保密通信初步实用化，各类量子保密通信技术方案的产品研发、应用探索和网络建设相继涌现。整体来看，QKD 网络作为抗量子计算密码体系中密钥管理的基础设施，通过结合 PQC 等构建自主可控的量子安全体系，在云、网、管、端等层面与 ICT 体系相融合，将逐步实现更丰富的应用方式、更广的服务领域。

2.3.1.3 量子计算产业

上游环节中，国内团队在脉管制冷机等方面展开工程化实践，需加强上下游供应商资源对接，推动国产设备广泛应用，发展方向包括大体积、可扩展、低震动、高冷量的稀释制冷机，以及高效分子泵和高真空度的真空系统。测控系统需提升硬件性能和可扩展性，将低温芯片化作为发展关键。激光器和探测器需关注频率稳定性、工作波段拓展和器件寿命。

中游环节中，超导技术产业化较为突出，软件算法将重点发展量子优化和模拟算法，并与下游应用紧密合作。

下游环节中，云平台提供的量子计算服务将发挥重要作用，支持更多量子应用，如科学计算等。未来 2~3 年，量子优化和模拟技术的发展将促进生物医药、金融等行业的应用，推动 AI 大模型与量子计算的相互促进，实现资源整合和“量超融合”的计算优势，助推中国量子计算产业的壮大。

当前基于 NISQ 平台的量子计算应用探索在金融、制药、化工、交通等领域已初步铺开，但目前国内外开放的量子计算云平台主要以演示和验证量子计算运行原理为主，以及提供量子算法和软件的初步运行和验证等服务，有实用价值“量子优越性”还未出现，杀手级应用仍需迈过性能优越性、用例实用性与硬件可执行性三道坎，高性能、通用型量子计算机产业化还需要至少 10 年时间。

2.3.2 量子信息技术应用现状

2.3.2.1 量子测量技术应用

量子测量技术在多个领域取得了重要进展。

国防方面，2023 年 2 月，美国 QCI 公司获得 SSAI 分包合同，支持 NASA 测试其量子光子系统，用于远程感应应用，监测气候变化中的积雪物理特性。同月，美国空军研究实验室开发下一代量子原子钟和量子传感器，为美国太空军提供技术支持。2023 年 5 月，英国伦敦帝国理工学院与英国皇家海军合作使用超冷原子进行加速度测量，提供无 GPS 环境中的高精度定位。2023 年 7 月，澳大利亚 Q-CTRL 公司得到国防部支持，开发量子重力仪，预防干旱和采矿活动的影响。2023 年 12 月，美国 Rydberg 公司推出低功耗的里德堡原子接收器，并在 NetModX23 活动上展示了使用原子量子传感器的远程无线电通信技术。

医疗健康方面，2022 年 12 月，芬兰 MEGIN 公司在瑞士日内瓦安装了新一代 MEGIN TRIUX™ neo 系统，用于提供精确的大脑活动图像。2023 年 1 月，北京自控设备研究所与斯图加特大学合作，演示肌肉模型的电位信号检测及 NV 磁力计的潜在应用。2023 年 4 月，美国 Genetesis 公司心电磁图设备获得认证，用于识别冠状微血管疾病患者中的心肌缺血。2023 年 6 月，北京未磁科技公司 64 通道无液氦心磁图仪在北京安贞医院落地，并举行了相关签约仪式。

能源环保方面，2023 年 10 月，美国 Adtran Oscilloquartz 公司推出新同步解决方案，解决 GPS 系统的干扰问题，服务于智能电网等行业。2023 年 12 月，美国德克萨斯大学奥斯汀分校与 NASA 合作开发光子集成电路，用于测量地球引力的微小变化。美国 QLM 与 Severn Trent Water 合作，部署量子气体激光雷达监测甲烷排放。2023 年 1 月，美国 Inflegtion 与 World View 合作测试量子和平流层探索领域的射频传感技术。

导航定位领域，2023 年 6 月，美国 Microsemi 公司发布新一代铯原子钟，帮助空中交通管制精确定位飞机。2023 年 10 月，美国 Adtran Oscilloquartz 利用低地球轨道卫星提供 GNSS 替代方案，增强其可靠性和安全性。德国铁路公司利用这项技术进行精确计时和预测性维护。

科学研究方面，2023 年 5 月，法国 iXblue 的冷原子绝对重力仪用于 CARIOQA-PMP 任务，研究地球质量分布变化。2023 年 8 月，瑞士 Qzabre 量子扫描 NV 显微镜在印度马德拉斯理工学院安装，提供高灵敏度的纳米级表面数据。2023 年 9 月，美国 Adtran Oscilloquartz 评估其最新光学铯原子钟，发现其性能超出预期，对天文研究有重要作用。2023 年 10 月，美国 QCI 公司与俄克拉荷马州立大学合作，利用量子增强雷达验证排雷工作条件。

2.3.2.2 量子通信技术应用

在国防领域，2022 年 7 月，美国政府选择 QuSecure 公司的 QuProtect 解决方案来保护美国空军、美国太空军和北美航空航天防御司令部的加密通信数据。2023 年 6 月，美国陆军授予 QuSecure 公司一项联邦合同，以开发量子弹性软件，确保敏感军事数据和通信的安全。SandboxAQ 企业同月获得美国国防信息系统局的合同，提供端到端的 PQC 管理解决方案。法国投资总秘书处与德国安全技术公司 HENSOLDT 签订 PQC 项目合同，开发一种能抵御量子计算机网络攻击的解决方案。

在金融领域，2023 年 5 月，汇丰银行与 Quantinuum 合作，利用量子计算增强加密密钥。7 月，汇丰银行测试了量子安全传输，并加入英国电信和东芝量子安全城域网络。12 月，汇丰银行在其平台 HSBC AI Markets 上使用 QKD 保护交易。

在通信方面，2023 年 2 月，法国泰雷兹在移动安全应用和 5G SIM 卡中采用混合加密技术，引入 PQC 算法。3 月，美国 QuSecure 推出首个量子弹性实时卫星加密通信链路，并与爱尔兰埃森哲合作开发 PQC 保护的多轨道量子弹性卫星通信能力。6 月，韩国 SK Telecom 与 IDQ、三星电子合作发布 Galaxy Quantum 4 量子通信手机。8 月，谷歌 Chrome 推出抗量子攻击的 X25519Kyber768 算法，国盾量子推出采用“一次一密”技术的安全邮件产品国盾密邮。

在移动终端方面，2023 年 5 月，中国电信发布支持量子密话的天翼铂顿 10 和天翼铂顿 S9 手机，S9 搭载天通卫星通信芯片。6 月，韩国 SKT 与 IDQ、三星电子合作发布 Galaxy Quantum 4 量子通信手机。11 月，中国电信与华为合作发布的 Mate60 Pro 手机提供量子密话定制功能。

2.3.2.3 量子计算技术应用

在金融领域，2022 年 7 月，本源量子推出了国内首个量子金融衍生品定价库，为开发者提供分析期权等金融衍生品的工具。2023 年 4 月，安永（EY）加入 IBM 量子网络，利用量子计算解决复杂金融业务问题。

在国防领域，2021 年 4 月，美国空军研究实验室与 QC Ware 公司合作，应用 q-means 量子算法识别无人机飞行模式。2023 年 2 月，以色列航空航天工业公司与美国国防机构合作开发未来技术。2023 年 5 月，Terra Quantum 与法国泰雷兹合作，通过混合量子计算改进卫星任务规划。美国 Zapata Computing 也在同月与 L3Harris 等公司向美国国防高级研究项目局提供了 30 个量子计算挑战方案。

在生物医药领域，2022 年 1 月，美国 Polaris Quantum Biotech 与英国 PhoreMost Limited 合作，利用量子计算平台筛选分子药物。2023 年 10 月，之江实验室、中国科学技术大学和伦敦帝国理工学院团队开发了高斯玻色取样光子量子处理器，用于药物发现和 RNA 折叠预测。

在新材料设计领域，2021 年 2 月，德国启动了 QuESt 项目，利用量子计算研究新材料。2021 年 7 月，本源量子推出量子化学应用 ChemiQ，提供分子模型构建和化学反应研究的可视化工具。2022 年 1 月，IonQ 与现代汽车合作开发电池化学模型，提升电动汽车锂电池性能。在能源环保领域，德国意昂集团与 IBM 合作，利用量子算法优化可再生能源输送，减少碳排放。2023 年 7 月，美国国家可再生能源实验室与 RTDS Technologies 和 Atom Computing 合作，通过量子近似优化算法解决电力分配问题，为电力系统优化和可持续发展提供新路径。

2.3.3 量子信息技术标准化进展

2.3.3.1 标委会现状

国际电工委员会（IEC）和国际标准化组织（ISO）在 2024 年 1 月联合成立了量子技术联合技术委员会 IEC/ISO JTC 3（量子技术），主要工作范围是制定量子计算、量子模拟、量子源、量子计量学、量子探测器和量子通信等量子技术领域的标准，目前尚未公布其在量子测量领域的标准计划。ISO/IEC JTC1 在 2018 年成立了两个量子计算研究组，即 SG2 和 SC7/SG1，在 2019 年转为量子计算咨询组，开展前沿讨论和预研。

欧洲标准化委员会（CEN）和欧洲电工标准化委员会（CENELEC）于 2023 年 3 月成立了量子技术联合技术委员会 JTC 22 QT，这是世界上第一个全面研究量子技术的标准化委员会，它以制定的路线图为基础，全面推进量子计算领域的各类相关标准制定工作。2023 年 3 月，JTC 22 QT 发布了德国国家标准化组织（DIN）牵头的全球首个面向量子信息技术领域的标准路线图，旨在引导量子信息技术领域的标准化工作。量子信息技术综合标准化路线图为欧洲的量子计算、量子通信、量子测量等领域提供了一个全面的视野。

美国国家科学和技术委员会（NSTC）的量子信息科学小组委员会（SCQIS）在推动量子测量标准计划方面已经取得了一些进展。2022 年 4 月，SCQIS 发布了一份名为《将量子传感器付诸实践》的报告，旨在通过扩展量子信息科学（QIS）国家战略概述中的政策主题，推动量子传感器的发展与应用。

欧洲和国际标委会组织如图 2-13 所示。

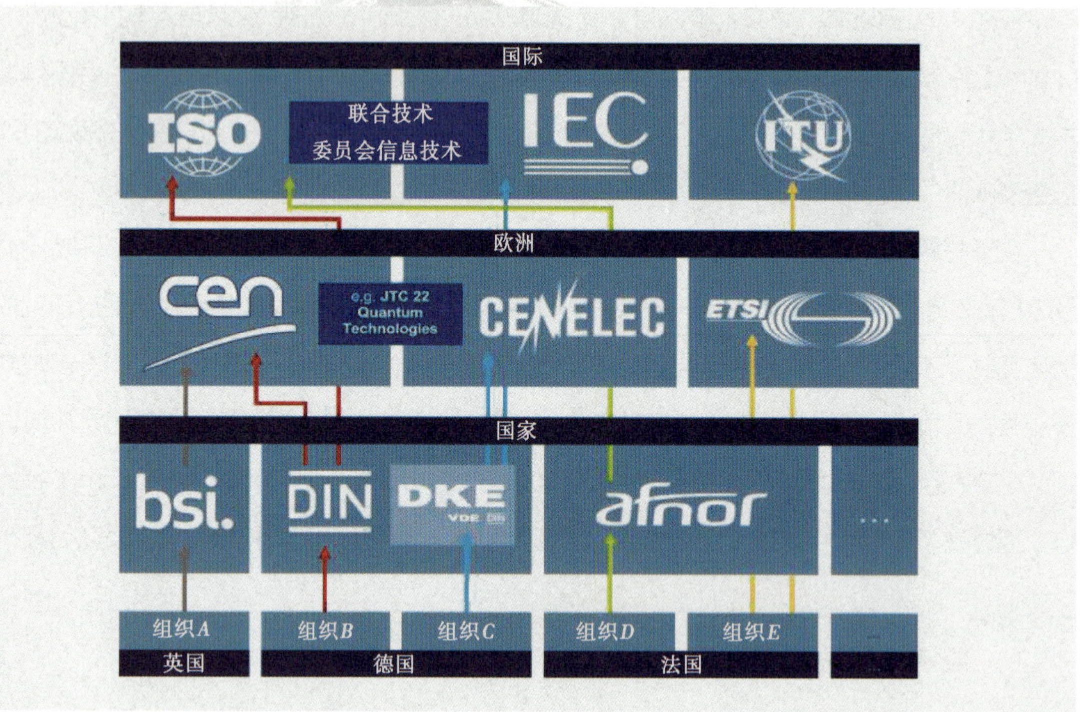

图 2-13　欧洲和国际标委会组织

在国内，全国量子计算与测量标准化技术委员会（TC 578）主要负责全国量子计算与测量领域标准化技术的归口工作，其工作范围包括量子计算与测量术语和分类、量子计算与测量硬件、量子计算与测量软件、体系结构、应用平台等技术领域的标准化工作。中国通信标准协会（CCSA）和密码行业技术标准化委员会（CSTC）开展了量子通信方面的标准化研究并取得阶段性进展。2020 年，中国成员在 JTC1 中推动了 WG14 量子计算工作组的成立（后更名为量子信息工作组），该工作组已立项量子计算技术术语和词汇标准项目（已进入 DIS 投票阶段），以及预研项目如量子计算服务平台参考框架、量子机器学习数据集等方面的研究。

2.3.3.2　标准现状

（1）量子测量。TC 578 近年来组织开展了多项具有基础共性的量子测量和计量等技术的标准化研究，在量子重力测量、惯性测量、时频基准等方面，初步形成标准工作体系化布局。《量子测量术语》《量子测量中里德堡原子制备方法》《光钟性能表征及测量方法》《原子重力仪性能要求和测试方法》《单光子源特性表征及测量方法》《基于氮－空位色心的微弱静磁场成像测量方法》等量子测量相关的国家标准已经发布，如表 2-1 所示。

表 2-1　TC 578 起草的量子测量标准

序号	标准类型	标准项目	状态
1	国家标准	精密光频测量中光学频率梳性能参数测试方法	发布
2	国家标准	量子测量术语	发布
3	国家标准	量子测量中里德堡原子制备方法	发布
4	国家标准	光钟性能表征及测量方法	发布
5	国家标准	原子重力仪性能要求和测试方法	发布
6	国家标准	单光子源性能表征及测量方法	发布
7	国家标准	基于氮－空位色心的微弱静磁场成像测量方法	发布
8	国家标准	器件无关量子随机数产生器通用要求	发布

（2）量子通信。国际电信联盟电信标准化部门（ITU-T）从 2018 年开始对 QKD 进行标准研究和制定工作。其下 SG11（协议和测试规范组）、SG13（未来网络组）和 SG17（安全组）工作组已开展有关 QKD 网络、安全性、接口协议方面的 40 余个工作项目。目前，ITU-T 工作组发布或通过的国际标准及技术报告已有 20 余项。ISO/IEC 持续开展 QKD 系统安全性要求和测试评估方法两项标准研究，ISO/IEC 23837-1《量子密钥分发的安全要求、测试和评估方法　部分 1：要求》、ISO/IEC 23837-2《量子密钥分发的安全要求、测试和评估方法　部分 2：测试和评估方法》两项标准目前已完成 DIS 投票，正式进入标准起草阶段。

目前国内外已发布量子通信标准如表 2-2 所示。

表 2-2　国内外已发布量子通信标准

序号	名称	标准类型	标准组织 / 工作组	标准号 / 状态
1	Security requirements，test and evaluation methods for quantum key distribution—Part 1：Requirements	国际标准	ISO/IEC JTC 1/ SC 27/WG3	ISO/IEC 23837-1：2023
2	Security requirements，test and evaluation methods for quantum key distribution—Part 2：Evaluation and testing methods	国际标准	ISO/IEC JTC 1/ SC 27/WG3	ISO/IEC 23837-2：2023
3	Security Requirements for QKD Networks－Key Management	国际标准	ITU-T SG17	ITU-T X.1712
4	量子保密通信应用基本要求	国家标准	CCSA	GB/T 42829—2023
5	诱骗态 BB84 量子密钥分配产品技术规范	行业标准	密码行业标准化技术委员会	GM/T 0108—2021
6	诱骗态 BB84 量子密钥分配产品检测规范	行业标准	密码行业标准化技术委员会	GM/T 0114—2021
7	基于 BB84 协议的量子密钥分发（QKD）用关键器件和模块　第 1 部分：光源	行业标准	CCSA	YD/T 3907.1—2022

（3）量子计算。IEEE 在 2018 年首次启动两个项目，即 P7130 和 P7131，以研究量子计算定义和性能基准评价指标。近年来，IEEE 在量子计算标准化布局和推进上加速了进展。目前，有 8 个量子计算标准化工作项目正在进行研究，包括澄清定义术语，识别标准化需求并提供基准性能指标之外，也关注了量子计算机和量子模拟器的功能架构、算法开发设计和准确的计算能效测试等方面的标准。其中，IEEE P7130™ 项目将定义与量子计算物理相关的术语，包括量子隧穿、量子叠加、量子纠缠以及其他相关的术语。另外，随着技术的不断发展而出现的其他新术语也属于该项目将要定义的范畴。该标准规范了量子计算特定术语的定义并强调其必要性，使软硬件开发、气候科学、数学、物理学等其他领域的专家更方便了解量子计算。此外 IEEE P3120 标准定义了量子计算机的技术架构，包括硬件组件和低级软件（例如，量子纠错等）。量子计算领域标准制定情况如表 2-3 所示。

表 2-3　量子计算领域标准制定情况

时间	标准类型	标准组织 / 工作组	标准号 / 状态
2021.06	C/S2ESC-Software & Systems Engineering Standards Committee	Trial-Use Standard for a Quantum Algorithm Design and Development	IEEE SA-P2995
2021.09	IEEE Computer Society/ Standards Activities Board Standards Committee（C/SABSC）	Standard for Quantum Computing Performance Metrics & Performance Benchmarking	IEEE SA-P7131
2023.02	C/SABSC-Standards Activities Board Standards Committee	Standard for Quantum Computing	IEEE SA-P3329
2023.05	中国国家市场监督管理总局、国家标准化管理委员会	量子计算　术语和定义	GB/T 42565—2023
2023.09	C/MSC-Microprocessor Standards Committee	Standard for Quantum Computing Architecture	IEEE SA-P3120

3 湖北省量子技术发展现状与优势

3.1 政策先发与保障

湖北省与武汉市积极出台量子相关政策，抢跑量子科技新赛道。2021 年，《湖北省国民经济和社会发展第十四个五年规划和二〇三五年远景目标纲要》发布，布局量子通信、量子芯片、光子芯片等。2022 年，《湖北数字经济强省三年行动计划（2022—2024 年）》出台，提出围绕量子信息等前沿领域，建立攻关项目库，加强底层技术、关键核心技术研发，攻克一批“卡脖子”技术。同年，《武汉市人民政府办公厅关于促进半导体产业创新发展的意见》出台，提出支持单光子源、激光器、探测器等光量子芯片的研发及产业化；布局量子传感器、量子测量器件等生产项目；开展量子通信、量子成像、量子导航、量子雷达、量子计算芯片共性前沿技术攻关。2023 年 9 月，《加快“世界光谷”建设行动计划》出台，提出建设国际一流的量子测量和量子导航应用技术系统，突破量子探测、量子激光器、量子雷达等关键核心技术。探索开展基于相干光场的光量子存储技术研究。11 月，湖北省将量子科技产业作为全省 9 条新兴特色制造业产业链之一，发布《湖北省加快发展量子科技产业三年行动方案（2023—2025 年）》，提出到 2025 年，建成国际国内一流的量子科技创新引领区、产业集聚区、应用示范区，量子科研实力、产业实力进入全国前列。武汉为认真落实市委市政府创新驱动城市发展战略，紧紧把握第二次量子科技革命机会，加快推进武汉市量子科技产业化，于 11 月，出台《武汉市加快发展量子科技产业三年行动方案（2023—2025 年）》。

3.2 研究支撑与拓展

湖北省从量子信息技术的基础研究到研发布局均具备良好的基础和优势，拥有中国科学院精密测量科学与技术创新研究院、华中科技大学、武汉大学、中国电力科学研究院、中国长江电力股份有限公司、中国船舶重工集团有限公司等一流高校与科研院所。中国科学院精密测量科学与技术创新研究院建有大地测量与精密定位全国重点实验室、核磁波谱与成像全国重点实验室、中国科学院原子频标重点实验室，正在建设时空精密测量原子干涉国家重大科教基础设施、量子感知技术国家专用实验室；华中科技大学建有精密重力测量国家重大科技基础设施、中德量子传感与量子测量国际联合实验室；武汉大学建有量子物质能量转换协同创新中心；中国电力科学研究院建有国家计量基准实验室、国家电网有限公司电学计量溯源技术实验室；中国长江电力股份有限公司建有水资源高效利用与工程安全国家工程研究中心、湖北省智慧水电技术创新中心、智慧长江与水电科学湖北省重点实验室。

这些机构不仅为电力量子技术的发展提供了坚实的科研支撑，还培养了大量的人才，为湖北省乃至全国在电力量子领域的快速发展奠定了基础。随着这些研究机构的不断努力和创新，湖北省在全球量子科技领域占据更加重要的地位。

湖北量子信息技术创新优势与方向如表 3-1 所示。

表 3-1　湖北量子信息技术创新优势与方向

产业领域	研究机构	量子信息技术代表成果
量子测量	中国科学院精密测量科学与技术创新研究院	星载铷原子钟、原子重力仪、量子雷达
	华中科技大学	原子干涉仪、原子钟
	武汉大学	超高精度单光子探测
	中国电力科学研究院	量子电流互感器、量子电压、量子电流
	中国长江电力股份有限公司	量子无损检测
	中国船舶重工集团 710 所	光泵磁力计
	中国船舶重工集团 717 所	舰载原子重力仪
量子通信	武汉大学	量子密钥分发、量子激光雷达
	武汉量子技术研究院	量子密钥分发、量子隐形传态
量子计算	武汉大学	量子算法
	华中科技大学	里德堡原子量子计算
	中国科学院精密测量科学与技术创新研究院	中性原子量子计算

3.3　产业集群与创新

湖北省凭借其政策支持、人才培养、产业集群等方面的优势，已成为全国量子科技产业的重要基地之一。湖北省政府高度重视量子科技产业发展，将量子科技产业作为优先发展、重点发展的 9 个新兴特色产业之一，建立“链长 + 链主 + 链创”三链融合工作机制，强力推动发展壮大，设立 20 亿元省级量子科技产业投资基金，极大地促进了量子科技企业在湖北省的集聚，推动了量子科技成果的转化和产业技术应用。此外，湖北省积极推动“光谷”量子化，打造

“量子谷”，为量子科技企业提供广阔的市场空间和测试平台，进一步促进企业从科学研究到成果转化的正向循环。未来，湖北省计划通过三年行动方案，打造全国量子科研高地和产业高地，实施场景应用示范工程和产业融合发展工程，推进“量子 +”多领域现代化产业融合发展。

产业人才方面，湖北省实施了“青年拔尖人才培养计划”和“科技创新人才团队计划”，吸引和培养顶尖的量子科技人才，加强量子科技本科学科建设。目前湖北省的长江大学、湖北大学等均开设了量子信息科学专业，为量子科技产业提供了坚实的专业人才基础。同时，湖北省还完善了量子与光电通信、人工智能等交叉学科的课程体系，以培育创新型、复合型和工程型人才。此外，湖北省通过“人才特区”政策，吸引和留住在量子科技领域的高端人才，降低了地区初创企业的用人与安置成本，并吸引了部分外省企业向省内逐渐转移。

产业集群方面，湖北省依托其在光电子信息产业的优势，为量子科技企业提供了良好的上下游配套和产业生态，促进了量子产业集群的形成。目前，湖北省已初步形成了产业集群，这些企业分布在量子通信、量子测量、量子计算等多个领域。特别是在上游领域，湖北省通过依托全国领先的光电子信息产业，在光纤光缆、量子芯片和元器件等方面占据了重要地位。例如，谱线光电科技（武汉）有限公司、武汉华中旷腾光学科技有限公司、武汉光迅科技股份有限公司、长飞光纤光缆股份有限公司、中国航天时代电子有限公司、红星杨科技有限公司等企业为量子测量、量子通信提供高性能光源、光纤、光学元器件以及光学芯片等产品。

在量子测量领域，湖北省多个细分领域均有布局。重力测量方面，中科酷原科技（武汉）有限公司的量子重力仪设备在美国举办的 ICAG 2023 国际重力仪比对中，产品指标达到国际领先水平；时频测量方面，中科泰菲斯（武汉）技术有限公司等拥有原子频标以及高精度时间服务器同步控制系统等产品；电力测量方面，中国电力科学研究院研制了小型化量子电流互感器，建立了约瑟夫森量子电压标准；此外，武汉中科牛津波谱技术有限公司拥有基于核磁共振的量子波谱仪，华中埃戈锐科技（武汉）有限公司研发环境监测以及导航相关的量子传感器。

在量子通信领域，武汉航天三江量子通信有限公司和国家信息光电子创新中心等企业在量子 QKD 传输系统、集成化光量子器件产品开发和量子信息标准制定等方面进行了深入研究，促进了基础器件与核心技术的研发。

在量子计算领域，中科酷原科技（武汉）有限公司的中性原子量子计算机技术处于全国领先地位。2023 年，中科酷原科技（武汉）有限公司演示了中国首台可搬运的原子量子计算原型机“汉原一号”，能够进行 16 个量子比特的无损重排。在实验室条件下，该原型机则能够运行超 300 个量子比特，同时也具备异核原子阵列的无损重排功能，重排算法效率处于领先水平。

湖北省量子产业相关公司如表 3-2 所示。

表 3-2　湖北省量子产业相关公司

序号	单位名称	量子相关技术与产品
1	武汉光谷信息光电子创新中心有限公司	硅基光电子
2	武汉光迅科技股份有限公司	光纤产品
3	航天时代电子技术股份有限公司	高速铌酸锂调制芯片、光学芯片
4	长飞光纤光缆股份有限公司	光纤产品
5	华工科技产业股份有限公司	量子芯片
6	武汉长江激光科技有限公司	量子医疗联合研发中心
7	武汉锐科光纤激光技术股份有限公司	激光器
8	武汉华中旷腾光学科技有限公司	光子芯片、激光器、惯性器件
9	谱线光电科技（武汉）有限公司	高性能光源、光路、探测系统
10	红星杨科技有限公司	光芯片与光纤的耦合、封装与测试
11	长江量子（武汉）科技有限公司	量子保密芯片
12	烽火通信科技股份有限公司	光纤产品、链接方案
13	武汉中创楚为量子科技有限公司	量子密码与网关、量子管控平台
14	武汉航天三江量子通信有限公司	量子密钥
15	武汉光谷量子技术有限公司	量子通信器件、量子光电子芯片
16	武汉南瑞有限责任公司	电力相关量子传感器
17	中科泰菲斯（武汉）技术有限公司	原子频标与时同系列产品
18	武汉中科牛津波谱技术有限公司	核磁共振波谱仪
19	武汉中科坤德科技有限公司	高精度时间服务器同步控制系统
20	华中埃戈锐科技（武汉）有限公司	环境监测设备、导航设备
21	中科酷原科技（武汉）有限公司	量子重力仪、量子计算机

注　由于当前处在量子信息产业发展早期，部分公司产品及业务可能同时涉及多个领域。

3.4　人才储备与培养

量子科技产业作为前沿科技产业，具有人才密集、知识富集、创新聚集、交叉融合等特点，既需要科技领军人才，也需要工程应用人才。在专业人才方面，湖北省拥有叶朝辉、罗俊、窦贤康、徐红星、孙和平等“两院”院士，詹明生、胡忠坤、周峰等一批科研领军人才，国家杰出青年人才、国家高层次青年人才等 50 余名青年领军人才，全省量子科技领军人才数量和质量居于全国前列。在人才梯队和学科建设方面，湖北省拥有 68 所本科大学、130 余所高等院校，长江大学（全国第二批，2021 年）、湖北大学（全国第三批 2022 年）先后开设了量子科技本科教育学科，占全国开设量子科技本科教育学科大学数量的四分之一。武汉大学、华中科技大学、华中师范大学、武汉工程大学、湖北师范大学、三峡大学、湖北科技学院等建立了量子科技实验室，具备开设量子科技学科教学条件，量子科技学科建设位居全国前列。湖北省在电气工程、量子科技、光电通信、精密制造等交叉学科领域复合型人才培养储备方面具有较大优势，量子科技学科建设位居全国前列。

3.5　应用实践与布局

湖北省是电力枢纽、交通要津，电力需求种类繁多，从居民生活用电到工业生产用电，涵盖了各种不同的应用场景。华中电网汇集西北新能源、西南水电和三峡水电等清洁能源，是重要的能源战略通道；以武汉为中心的“3 小时”高铁圈可覆盖中国东部 80% 的城市；省内水电装机容量位居全国第三，拥有十座以上大型水力发电站；大型工业企业、科技园区、高校科研机构等集聚，对电力供应的稳定性和安全性要求高，这些场景都为量子信息技术的应用提供了实际需求。湖北省在大力发展新能源，诸如风能、太阳能等分布式能源并网的需求不断增加。这些新能源的接入对电网的灵活性和调控能力提出了新的要求。同时，湖北省内还拥有“武襄十随”汽车集群、中国冶金科工集团有限公司及中国宝武钢铁集团有限公司等冶金产业、商业航天产业、生物医药园等产业集聚发展，为量子信息技术的应用提供了丰富的场景和广阔的市场空间。通过全量子信息变电站等典型场景和示范工程建设，湖北电力行业打造了具有国际影响力的创新联合体和未来产业集群，推动我国未来信息产业总体水平从“跟跑”“并跑”迈向“领跑”。这种丰富的电力示范应用场景，为湖北省电力量子领域的发展提供了广阔的机遇和坚实的基础。

3.6　项目落地与示范

3.6.1　金刚石 NV 色心在量子电流传感器应用

2024 年，中国电力科学研究院武汉分院研发了基于金刚石 NV 色心的 10kV 配网用量子电流传感器，在广州肇庆 10kV 专用变压器用户开展应用，额定电流 1000A，准确度 0.2 级。

量子电流传感器基于量子效应将导线产生的磁场测量转换为对频率的测量，转换系数为物理常数，再通过量子传感器与导线的空间位置实现对电流的测量。目前较为成熟的量子电流传感器技术路线包括气态原子、金刚石 NV 色心等方案，有如下几个方面的潜在优势：

（1）稳定性好：量子传感器转换系数为物理常数，不受环境和运行工况干扰。

（2）准确度高：通过将磁场测量转换为频率测量，而频率测量是目前准确度最高的物理量，指标通常优于 10^{-8}。

（3）可远程校准：通过北斗远程授时的方式，可对海量电流传感器进行远程校准，避免了传统传感器停电校准造成的供电可靠性降低和人力物力消耗。

量子电流传感器原理及样机如图 3-1 所示。

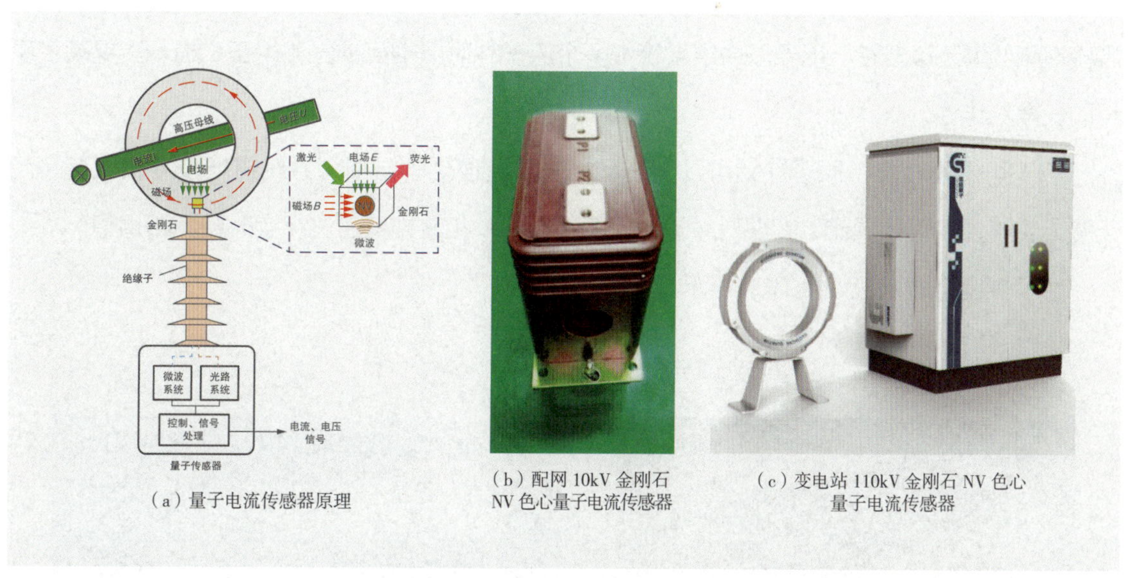

（a）量子电流传感器原理

（b）配网 10kV 金刚石 NV 色心量子电流传感器

（c）变电站 110kV 金刚石 NV 色心量子电流传感器

图 3-1　量子电流传感器原理及样机

量子电流传感器适用于电力各种场景的电流测量，例如，各电压等级变电站、换流站、储能电站、充电桩等。鉴于电流传感器在电力系统的海量用量，未来量子电流传感器的市场规模近千亿。目前量子电流传感器正处于样机研制与小规模试点阶段，尚有诸如成本居高不下，量子优势尚未完全发挥等问题需要解决。因此需要在核心材料自主化、量子调控器件小型化、电网复杂环境下长期稳定性验证等方面进行突破和攻关。

3.6.2　电力系统原子钟组时间最高标准

2018 年 11 月 19 日，由中国科学院精密测量科学与技术创新研究院研制的甚高精度星载铷原子钟首次搭载在我国北斗三号系统第十八颗、第十九颗组网卫星上，在西昌卫星发射中心以“一箭双星”方式成功发射，该原子钟可为北斗系统提供分米级定位能力。

原子钟组守时系统利用原子的特定能级之间的跃迁频率来测量时间。原子在受到外界激发后，会从一个能级跃迁到另一个能级，其跃迁频率非常稳定且与时间密切相关。目前较为成熟的技术路线包括铷、氢、铯原子钟以及光钟等，有如下几个方面的潜在优势：

（1）精准度高：原子钟组守时系统利用多个原子钟的测量结果进行平均，从而减小由于单个钟的不确定性带来的误差。因此，原子钟组通常具有比单个原子钟更高的时间测量精度和稳定性。

（2）长期稳定性：原子钟本身基于原子能级跃迁频率的特性决定了它们具有极低的时钟漂移率和频率不确定性，而原子中组系统中多个原子钟可以相互校准和纠正，进一步提高了系统的长期稳定性。

（3）可远程校准：原子钟组可以通过网络或卫星通信等方式对系统进行校准和调整，而无需人工干预或现场操作，实现对原子钟组系统的频率和时钟偏差进行实时监测和调整。

原子钟组守时系统如图 3-2 所示。

（a）北斗三号系统星载铷原子钟

（b）北斗三号系统卫星发射

图 3-2　原子钟组守时系统

量子时间频率技术可用于发电厂自动化控制系统、变电站综合自动化系统、调度自动化系统相量测量装置、故障录波装置、微机继电保护装置等场景，用以满足同步采样、系统的稳定性判别、线路故障定位、故障录波、故障分析及反演等需求。当前处于守时系统授时授频推广应用的重要阶段，还需解决量子时频标准的小型化、低功耗、自主可控等问题。

3.6.3 约瑟夫森量子电压及量子电能标准

2023 年，国家电网计量中心在量子测量实验室完成了可编程约瑟夫森量子电压标准装置的调试，测量不确定度优于 10^{-8} 量级，运行了溯源至可编程约瑟夫森量子电压的功率电能标准，测量不确定度优于 20 ppm（k=2）。

量子电压基于约瑟夫森效应将超导体两端施加的电压测量转化为微波频率的测量，转换系数为物理常数，具有极高的电压测量精度和稳定性。目前量子电压的主流技术路线包括可编程型约瑟夫森结与脉冲驱动型约瑟夫森结，有如下几个方面的潜在优势：

（1）准确度高：利用低温超导效应获得的量子电压确保了其在量子级别上的稳定性。即使在极低的电压水平下，约瑟夫森电压标准仍能提供极高准确度。

（2）稳定性好：基于约瑟夫森效应的量子电压可以将电压溯源至物理常数，其不受制于材料的特性或环境的影响，且具有高度的可重复性。

（3）可远程校准：由于将电压溯源至物理常数，其电压大小与施加微波频率有关，可采用卫星通信的方式对其微波频率实施远程校准，保证供电可靠性，降低人力物力成本。

可编程量子电压原理及标准如图 3-3 所示。

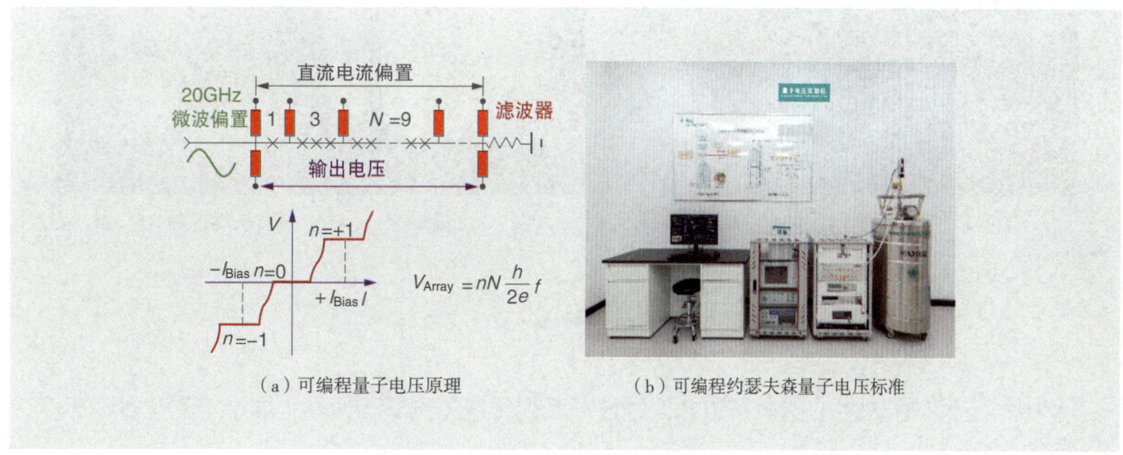

（a）可编程量子电压原理　　（b）可编程约瑟夫森量子电压标准

图 3-3　可编程量子电压原理及标准

量子电压适用于电力场景下的高精度电压测量、电压量值溯源、台区三相不平衡检测等应用场景。目前量子电压标准正处于实验室应用与小型化研究阶段，在大规模应用之前，尚有诸如成本居高不下，环境条件苛刻等问题需要解决。因此需要在核心器件自主化、配套设备小型化、量值溯源与传递扁平化等方面进行突破和攻关。

3.6.4 铷原子量子重力仪

2021 年 1 月，华中科技大学引力中心与中国科学院精密测量科学与技术创新研究院均开展了原子重力仪的研制。引力中心交付了我国首台为行业部门设计的实用化的高精度铷原子重力仪，该仪器在武汉市内多个地点进行了双盲测量评估，得到了国家测绘局、中国地震局、中国电力科学研究院等多家单位专家的综合评定，测量精度达到微伽级别，10^{-9} 量级水平，占地面积仅为 0.6 m^2，该技术方案具有以下优势：

（1）精度高：该小型化量子重力仪装备瞄准国家需求，为地震行业部门提供了中国第一台高精度原子重力仪，保障了核心数据的安全。

（2）应用面广：该仪器不仅能够应用于地震研究，还可以水文学、地震学，以及探测缝隙、渗坑、隧道和空腔等工程项目中发挥重要作用。

高精度铷原子量子重力仪如图 3-4 所示。

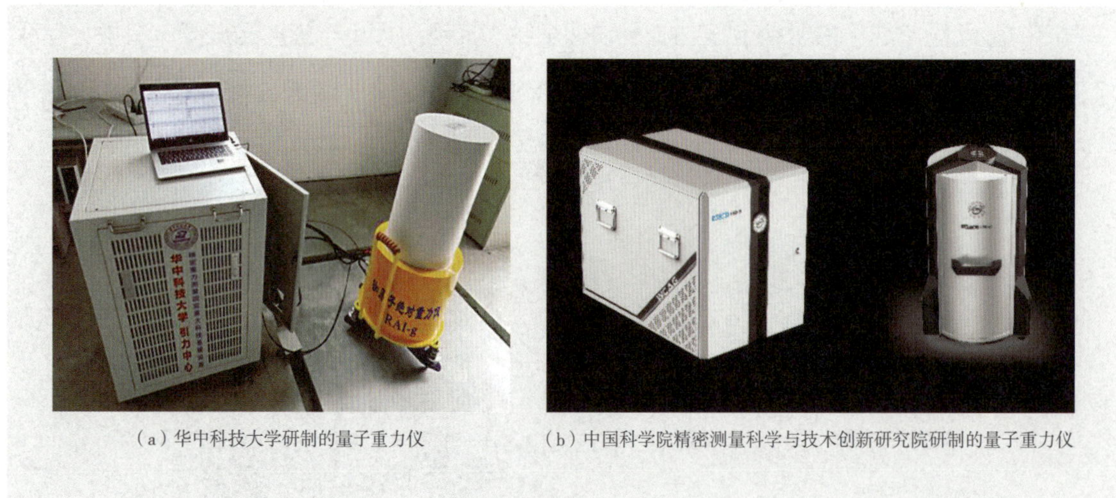

（a）华中科技大学研制的量子重力仪　（b）中国科学院精密测量科学与技术创新研究院研制的量子重力仪

图 3-4　高精度铷原子量子重力仪

华中科技大学引力中心的量子重力仪通过一系列严格的测量和评估，展示了其在多种环境下的高精度和可靠性。尽管该技术已经趋于成熟，但目前还处于初期应用阶段。未来需要在更多的实际应用中不断迭代和完善，以形成标准化产品，有效提升其在工程领域的测量精度和可靠性。

3.6.5 配电网量子加密通信

传统通信方式下，配电设备与主站的通信线路只有一个固定的密钥进行保护，一旦被破解，配电设备将面临被他人操控与破坏的风险，对电力系统的可靠性和稳定性造成威胁。2023 年国网湖北省电力有限公司武汉供电公司试点将量子加密通信技术引入武汉电网配电自动化领域，成功在武汉市经开区供电环网内的配电自动化终端实现了量子加密通信。具有以下技术优势：

（1）量子加密技术作为最先进的通信安全手段，为配电自动化系统的数据传输提供了更高等级的保护。

（2）量子加密通信因量子的随机与不确定性，能在平均十多秒的时间内不断变化密钥，令防破解的安全系数大大提升。

（3）通过量子密钥分发协议，利用量子态的不可复制性和抗干扰性，确保了通信的保密性和完整性。

供电人员检查新安装的量子加密通信线路运行情况如图 3-5 所示。

图 3-5　供电人员检查新安装的量子加密通信线路运行情况

在配网领域，量子通信可用于环网柜、开关站、柱上开关等各种配电设备与配电自动化主站连接，实现更加安全的实时监控、远程控制。当前量子通信技术在配网数据加密方面处于推广应用的重要阶段，还需要解决新老通信系统匹配、原通信网络复用、多种配网环境下量子系统的适用性等难题。

3.6.6　量子计算用于电力系统仿真分析

2024 年中科酷原科技（武汉）有限公司打造的国内首台“100+”比特中性原子量子计

算原型机——“汉原一号”揭开面纱，这台可搬运的量子计算机，让量子科技的应用前景更加清晰。

中性冷原子量子计算机是一种基于超高真空腔的量子计算平台，它利用光晶格从磁光阱或玻色—爱因斯坦凝聚体中捕获并囚禁超冷原子形成单原子阵列。通过将原子基态超精细能级的两个磁子能级编码为一个量子比特的 0 态和 1 态，透镜将所需光聚焦到单个原子上，实现对量子比特的操控。

量子潮流计算通常采用快速解耦潮流（FDLF）和直流潮流，利用变分量子线性求解器（VQLS），结合当前硬件求解潮流计算钟的线性方程组。得益于出色的计算效率和收敛性能，快速解耦潮流是电力系统量子潮流计算中应用最广泛的技术手段之一，其有如下几个方面的潜在优势：

（1）指数加速：求解量子线性系统问题的 HHL 算法相较经典算法能够实现指数加速。

（2）出色的计算效率和收敛性能：能以较高的速度解决更加复杂的实际场景潮流计算问题。

（3）应用广泛：FDLF 是 Newton-Raphson 功率流中应用最广泛的变体之一。

汉原一号如图 3-6 所示。

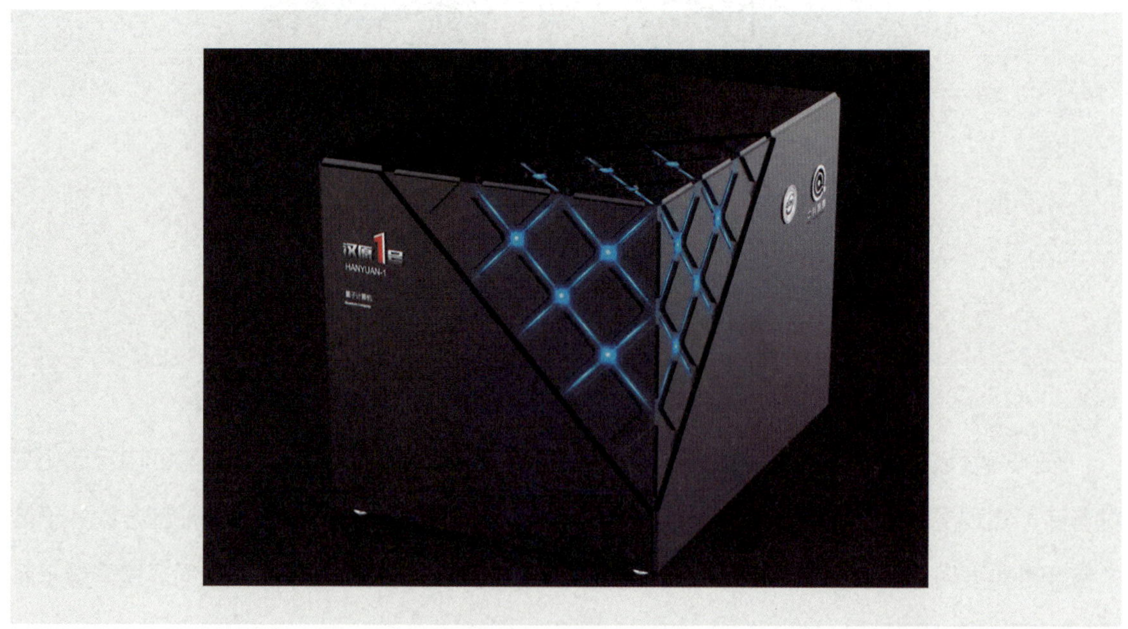

图 3-6　汉原一号

基于量子计算的潮流计算与分析技术可在电力系统潮流计算中应用于复杂网络的潮流分析、特殊结点的高精度电压功率分析以及潮流优化等领域。中国电力科学研究院在电力系统仿真方面有着扎实的基础，主要支持国家电网有限公司开展电网仿真分析工作，30 余年的自主研发技术积累，拥有世界上仿真规模最大、计算效率最高、模拟精度最准确的新一代仿真平台，包含电力系统数模混合仿真实验室、国家电网仿真超算中心、国家电网仿真计算数据中心。为电力系统量子计算的应用提供了重要的保障，推动了电力系统仿真分析的技术进步。目前主流的技术路线在未来 5~10 年会创造数百亿美元的价值，但其中 80% 会归属于量子计算的应用方。量子潮流计算应用的可扩展性是目前的一个主要问题，大规模应用还面临硬件量子比特数规模还不够、线路深度或者相干时间不足、量子计算机纠错能力有限等问题。因此需要在核心硬件的设计制备、软硬件层面的可拓展性层面进行攻关。

这些丰富的应用案例，为湖北省电力量子领域的发展提供了广阔的机遇和坚实的基础，也预示着这些已经在其他行业得到应用的技术，未来有可能迁移到电力行业，实现未来全量子信息变电站等典型场景和示范工程，推动湖北电力行业向国际领先地位迈进。

4 湖北省电力行业特色与产业优势

4.1 电力核心枢纽

湖北电力工业历史悠久，见证了中国电力工业的快速发展，拥有多项“第一”的工程，如中国第一个 500kV 输变电工程——平武工程，第一个 500kV 直流输电工程——葛洲坝—上海 ±500kV 直流输电工程，第一个特高压交流工程——1000kV 晋东南—南阳—荆门特高压交流试验示范工程，如图 4-1 所示。目前，湖北电网已经从一个相对孤立的省级电网发展成为全面承接特高压输送电能、以 1000kV 电网为核心、以 500kV 电网为骨干、以 220kV 电网为主体、110kV 及以下电网覆盖全省城乡、供电人口达到 6000 万的现代化大电网，是三峡外送的起点、西电东送的通道、南北互供的枢纽、全国联网的中心。

（a）葛洲坝—上海 ±500kV 直流输电工程

（b）1000kV 晋东南—南阳—荆门特高压交流试验示范工程

图 4-1　我国第一个 500kV 直流输电工程和第一个特高压交流工程

近年来，湖北电网发展呈现新能源发展迅速、电力枢纽作用显著等特点。

新能源发展方面，截至 2023 年底，全省发电总装机容量 11114.65 万 kW（含三峡电站），新增装机 1677.68 万 kW、同比增长 17.78%，其中风、光等新能源装机增速远超传统的火电、水电装机增速，全省新能源总装机容量达到 3323.77 万 kW，占比从 2022 年底的 22.19% 提升至 29.90%。随着装机容量占比提升，新能源发电占比稳步提升。据统计，2024 年一季度，全省新能源发电负荷六次创新高。2024 年 1 月 11 日 12 时 24 分，全省新能源发电 1709.13 万 kW，较去年极值增长 32.66 万 kW，增幅 2.90%，占当时用电负荷的 55.36%。3 月 22 日 11 时 23 分，新能源发电 2069.56 万 kW，较去年极值增长 393.09 万 kW，占当时用电负荷的 70.53%。

电力枢纽职能方面，位于湖北省武汉市的华中电网是全国电网的枢纽中心，其供电范围包括湖北、河南、湖南、江西、四川省和重庆市，覆盖土地面积 129.8 万平方千米，服务人口达 3.89 亿，是中国目前供电人口最多的区域电网。华中电网汇集了西北新能源、西南水电和三峡水电等清洁能源，成为重要的能源战略通道。湖北省作为华中电网的所在地，其地理位置和电网枢纽功能为该省的发展带来了显著优势。“十三五”至“十四五”期间，连接南阳—荆门—长沙、驻马店—武汉—南昌、荆门—武汉、长沙—南昌等特高压工程的相继投运，华中区域电网网架结构得以强化，省间资源互济的保障能力进一步提升。2023 年 1~9 月，华中电网区内省间清洁能源交易电量 7.74 亿 kW · h，同比增长 7.5%；区内新能源消纳 1196 亿 kW · h，同比增长 42.81%；消纳西北新能源 366.5 亿 kW · h，同比增加 9.6%，有效推动长南荆特高压交流全年南送，增加华中电网高峰电力供应 70 万 kW。

目前，湖北电网已是全国跨省跨区联络规模最大、运维直流工程最多、特高压交流站线最多、唯一直流送受并存的省级电网。设备方面，湖北电网“交直混联、送受并存”的特征显著。目前，相较沿海发达省份，公司新技术新装备的整体比例较低。同时，变压器、GIS 等关键电网设备缺陷诊断所需的“高精尖”装备缺口较大，不利于防范电网设备风险。

4.2 铁路交通要津

湖北省是我国高铁网络的重要枢纽，省内高铁线路密集，特别是以武汉为中心的铁路网络，是全国四大铁路枢纽之一。武汉铁路客运量于 2013 年达到 1.2 亿人次，第一次超过北京、广州，居全国第一。湖北省的铁路交通运输特色体现在其全面而现代化的铁路网络规划上，旨在构建一个覆盖广泛、高效连接的铁路系统。根据《湖北省“十四五”铁路发展规划》，到 2025 年，湖北省的铁路总里程将达到约 7000km，其中高铁里程约 3000km，时速 350km 的线路占比约 70%。规划中提出的“七纵六横一核心”高速铁路网，强调了武汉、襄阳、宜昌等城市的枢纽地位，以及与周边城市的快速通达能力。例如，武汉与京津冀、长三角、粤港澳、成渝等地区的 3~4h 高速铁路通达圈。此外，2035 年的长远目标是铁路总里程达到 10000km 左右，高铁里程接近 5000km，时速 350km 线路占比 85% 以上。

武汉高铁站和武汉高铁牵引变电站如图 4-2 所示。

（a）武汉高铁站

（b）武汉高铁牵引变电站

图 4-2　武汉高铁站和武汉高铁牵引变电站

高铁运输中的电力系统是高速铁路运行的重要支撑，为了满足高速列车的电力需求，中国高铁通常采用 220kV 或更高电压等级的输电线路。这种高压输电方式能够有效地支持长距离的电力传输，保证电力在运输过程中的稳定性和可靠性。例如，京沪高铁就采用了 500kV 的高压输电线路。

高速列车通过受电弓与接触网的弓网系统获取电能。中国高速铁路的弓网系统已经优化到能够满足高速运行中的弓网关系，最小行车间隔可达 3min，最大编组为 16 辆，实现了高速度、高密度、重负荷的行车组织。

截至 2024 年，全国铁路机车拥有量为 2.18 万台，其中电力机车为 1.42 万台。全国铁路客车拥有量为 7.6 万辆，其中动车组为 3918 标准组、31340 辆。国家铁路机车拥有量为 2.1 万台，其中电力机车为 1.34 万台，占 63.8%。国家铁路营业里程达到 13.4 万 km，复线率为 61.9%，电化率为 75.6%。这表明大部分铁路线路都实现了电力化，提高了运输效率和安全性。

铁路网络的电力信号具有暂态、冲击、高电压、大电流等特性，为了适应我省电气化铁路运行和智能发展的需要，开展极端参量电学传感器的研究，加强传感器智能化应用，实现铁路电力网络的全状态感知和智能管理，对保障铁路行车具有重要意义。

4.3 世界水电之都

湖北省地处祖国中部，境内 1193 条江河纵横，境内流域面积超过 1000km^2 以上的河流 21 条，流域长度超过 100km 的河流 41 条，水电资源主要分布在长江、汉江、清江以及鄂西南四水（郁江、唐岩河、西水、溇水）等河流上，是三峡大坝、葛洲坝等国家重要战略设施所在地，被誉为“世界水电之都”。丰富的水资源加上较大的河流落差，构成了湖北省丰富的水电资源。湖北省境内水电技术可开发装机容量 40050MW，居全国第 4 位，仅次于四川、西藏、云南 3 省，占华中地区总量的 20.8%，占全国总量的 8.1%，人均储量超过华中平均水平，接近全国平均水平的 2 倍。湖北省境内水电经济可开发量为 38270MW、设计多年平均年发电量 1515 亿 kW · h。

截至 2023 年底，湖北省水电装机容量 31967MW，位居全国第三。其中大型水电站 10 座，装机容量 31715MW，占可开发总量的 79%。这 10 座水电站分别是三峡（22400MW）、葛洲坝（2715MW）、水布垭（1840MW）、丹江口（900MW）、隔河岩（1200MW）、白莲河（1200MW）、潘口（500MW）、江坪河（450MW）、高坝洲

（252MW）和黄龙滩（510MW）。其中三峡水电站是世界上规模最大的水电站，也是中国有史以来建设最大型的工程项目。三峡电站是世界装机容量最大的水电站，共安装 34 台水轮发电机组，总装机容量 2250 万 kW，年设计发电量 882 亿 kW · h，是我国“西电东送”和“南北互供”的骨干电源点，电能昼夜不息被送往华东、华中、广东等地。自 2003 年 7 月 10 日三峡电站首台机组投产发电，截至 2023 年 7 月 10 日，20 年来三峡电站已累计发出 16000 多亿千瓦时清洁电能，相当于替代标准煤超 4.8 亿 t，减少二氧化碳排放量超 13.2 亿 t，助力我国构建清洁低碳、安全高效的能源体系。以每创造出 1 万元 GDP，需消耗 713.7kW · h 电量测算，三峡电站累计为我国经济发展创造了超 22 万亿 GDP，为国民经济提供了强有力的电力保障，为国家“稳增长、调结构、惠民生”注入了强大动力。

目前，在碳达峰、碳中和目标的引领下，我国加快构建清洁低碳安全高效的能源体系，积极发展清洁能源，推进新型电力系统建设。随着光能、风能占比逐渐上升，其发电的间歇性对电网影响将越来越大，电力系统对调节能力提出更大需求，储能作为支撑新能源发挥主体电源作用的关键技术，是实现电力系统安全稳定运行的重要保障。目前抽水蓄能是当前技术最成熟，最具大规模开发条件的绿色低碳清洁灵活调节电源，连续两年核准规模均接近 7000 万 kW，“十五五”期间将大规模投产发电。抽水蓄能项目最重要的前置条件就是充足的水源和良好的地质地势，湖北地区“水源 + 地源”的两源优势尽显，得天独厚。目前已投产的有白莲河和天堂抽水蓄能电站，总装机规模 127 万 kW。白莲河水电站于 2005 年开工，2010 年机组全投，10 多年来是湖北省唯一的百万千瓦级抽水蓄能电站。据《抽水蓄能中长期发展规划（2021 年 -2035 年）》，湖北省通山大幕山、罗田平坦原等 30 多个抽水蓄能电站项目纳入国家抽水蓄能中长期发展规划，这些项目总装机容量达 3900.5 万 kW。

湖北水电承担华中电网调峰作用，是电力系统的骨干电源；三峡工程是中华民族伟大复兴的百年缩影，是大国重器工程，保障湖北水电安全即是保障国家能源安全。然而，目前水电产业量子数据技术创新不够、量子数据融合应用滞后、量子数据管理不完善、量子数据信息系统等级保护不够和电力监控网络安全防护不足等问题，亟须利用先进的电力量子信息技术在水电站调度、运行、检修、并网等过程中进行全方位、多尺度、无死角的监测、感知和全过程信息安全防护，保障湖北水电安全稳定高效运行。

2023 年全国十大水电装机容量排名与三峡水电站如图 4-3 所示。

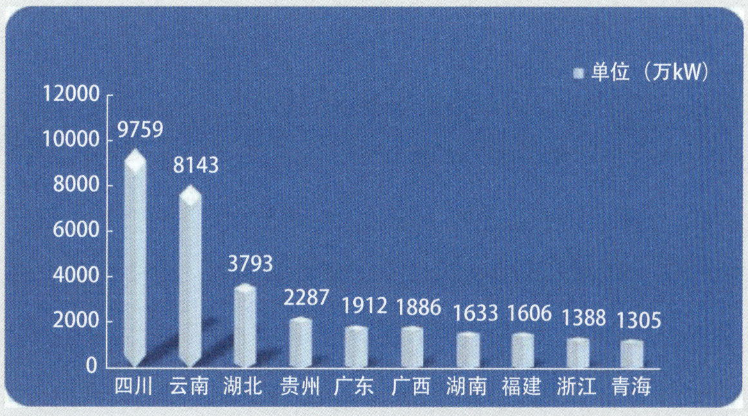

单位（万kW）

四川	云南	湖北	贵州	广东	广西	湖南	福建	浙江	青海
9759	8143	3793	2287	1912	1886	1633	1606	1388	1305

（a）2023 年全国十大水电装机容量排名

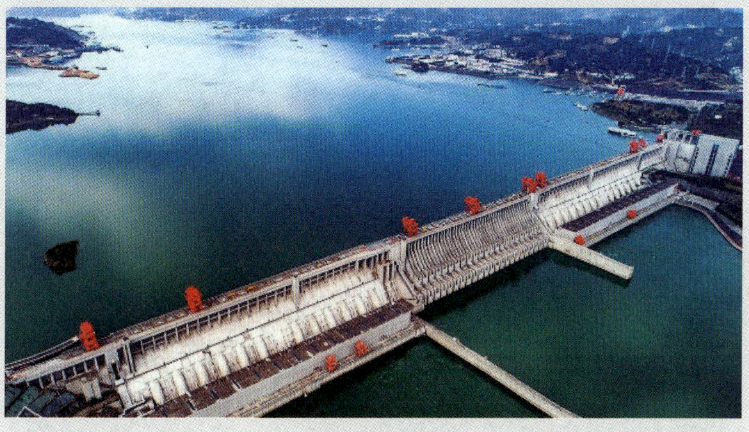

（b）三峡水电站

图 4-3　2023 年全国十大水电装机容量排名与三峡水电站

4.4　舰船电力摇篮

湖北省在舰船科技的科研实力是中国的重要组成部分，具有显著的特色和优势。湖北省船舶与海洋工程装备产业是战略性新兴产业，是建设海洋强国的基础，也是高端装备制造业的重要方向。根据《湖北省船舶与海洋工程装备产业发展行动计划（2021—2025 年）》，湖北省力争到 2025 年，船舶与海洋工程装备产业市场份额稳中有升，创新能力全国前列，结构调整成效显著，质量效益大幅提升，国家内河造船龙头地位凸显，年产值实现千亿目标。

中国“电磁弹射之父”、中国工程院院士、海军工程大学教授马伟明院士在电磁弹射技术方面取得了显著成就，该技术是航空母舰的核心技术之一。电磁弹射器相比传统的蒸汽式弹射器有许多优势，如体积小、效率高、运行和维护成本低。该技术不仅在军事领域有重要应用，在民用及航天领域也有广泛的发展前景。电磁弹射器需要大量的电能来产生足够的推力，以便在短时间内将战斗机加速到起飞速度。这通常需要一个高功率的电源系统，包括能够快速释放大量电能的储能设备，如电容器或其他形式的能量存储系统。

舰船直流技术，特别是在综合电力系统（Integrated Power System，IPS）中的应用，是现代舰船设计中的一个重要方向。这种中压直流综合电力系统相比起中压交流，突破了系统频率限制，降低了对原动机调速特性的要求，大幅减小了设备体积和质量，提高了系统效率和供电连续性，实现了舰船动力从传统机械方式向全电力方式的革命性转变。

福建舰电磁弹射与第三代直流动力系统如图 4-4 所示。

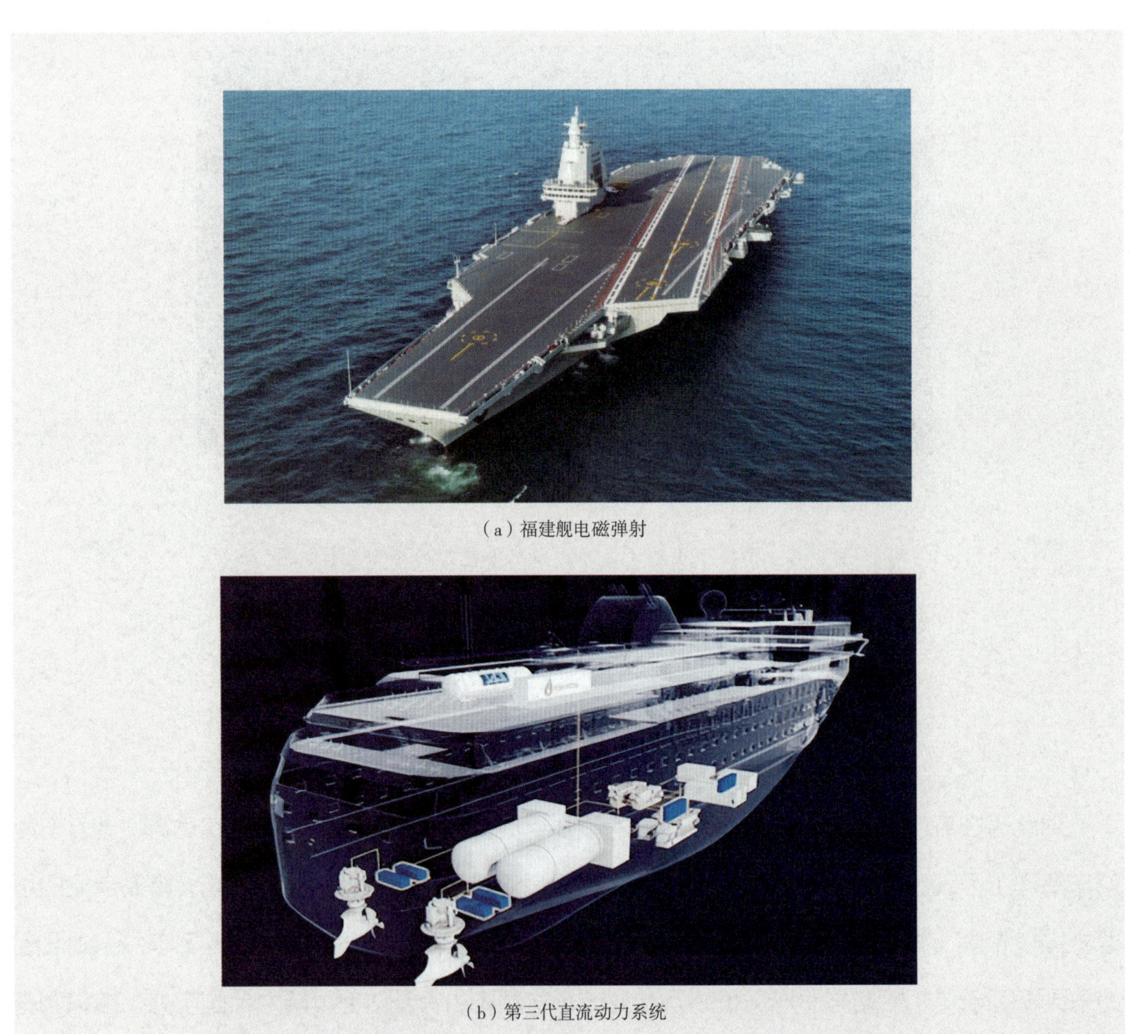

（a）福建舰电磁弹射

（b）第三代直流动力系统

图 4-4　福建舰电磁弹射与第三代直流动力系统

对于以上这些技术场景中涉及瞬态冲击电流、高压大电流和极弱磁场等极端工况，对现有的测量方法带来了极大挑战，利用量子测量技术有望解决其中大动态、瞬态冲击的测量问题。

5 湖北省电力量子体系架构规划

5.1　总体目标

在湖北省的电力行业，电力量子信息技术的崛起将为电力行业的未来描绘出崭新的蓝图。通过分布式的量子传感、通信和计算系统，以量子纠缠的方式实现电力信息的无缝连接和高效交换。这不仅将大幅提升湖北省电力行业的感知能力、调节速度和数据处理能力，还将为电力行业的创新发展提供强大支撑。

在技术形态层面，湖北省将积极推动电力设备的量子化升级。通过使用量子器件和仪器替换现有电力领域的核心部件与装备，将显著提高电力领域的整体性能和可靠性。量子技术的引入，将为电力设备的智能化、微型化、高效化提供可能，推动电力行业的技术进步和产业升级。

在网络形态层面，湖北省将构建基于量子信息技术的电力网络。这一网络将采用全新的通信协议和传输机制，实现例如水电站，变电站等电力信息的即时传输和高效共享。同时，量子网络的高安全性和稳定性将有效抵御网络攻击和故障风险，确保电力领域各行业的安全运行和电力供应的可靠性。

在服务形态层面，湖北省将深入融合量子信息技术和电力系统，构建新质生产力。通过量子计算、量子通信等技术的应用，将实现电力资源的优化配置、能源消耗的精准监控和故障预警的智能化处理。这将为湖北省的电力用户提供更加高效、便捷、安全的电力服务，推动电力行业的可持续发展。

具体从电力量子信息技术体系、产业体系与标准体系进行布局。

5.2　技术体系

湖北省电力能源网络庞大且复杂，涵盖发电、输电、配电和用电各环节。面临需求预测、资源分配、系统稳定性和数据安全等多重挑战。作为创新方案，量子信息技术以其高精度传感、安全信息传输和高效数据处理能力，为湖北省电力领域的发展带来新机遇，提升电网运行效率，确保电力供应的连续性和安全性，为湖北省的电力能源发展和基础设施建设提供有力支撑。

基于电力能源网络的运行情况和需求，以及量子信息技术当前发展现状和未来预期，电力量子信息技术框架如图 5-1 所示。

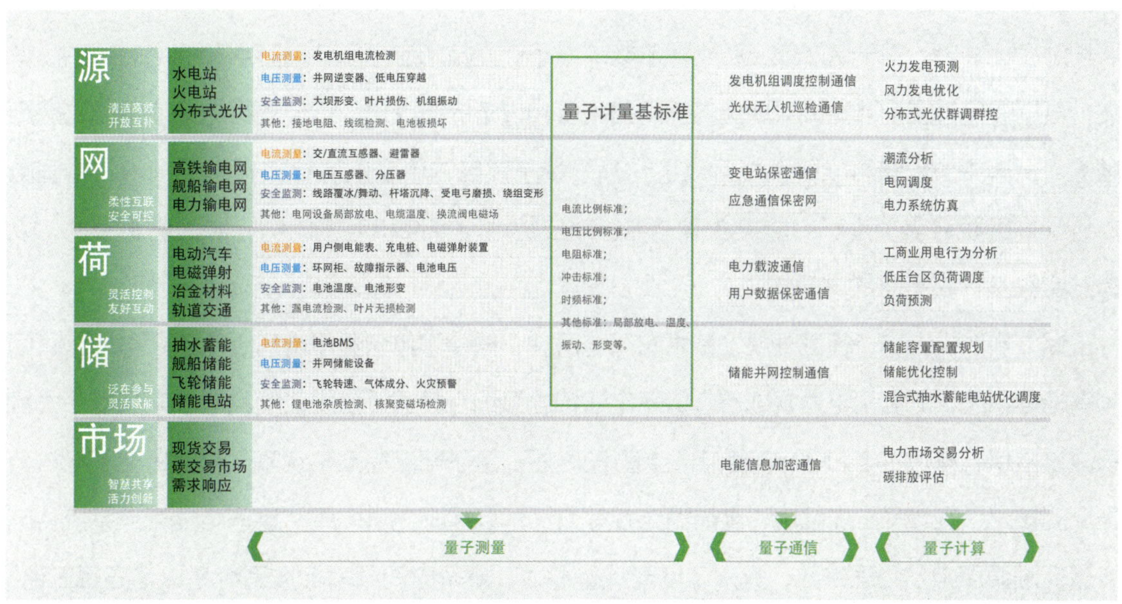

图 5-1 电力量子信息技术框架图

5.2.1 电力系统各场景量子信息技术框架

5.2.1.1 电力量子基标准

工业和信息化部等七部门发布《关于推动未来产业创新发展的实施意见》要求布局未来量子信息产业，加快量子信息技术及产品研发。《计量发展规划（2021—2035）》要求实施“量子度量衡”计划，提出加强以量子计量为核心的先进测量体系建设，加快量子传感器的研制和应用，建立新一代国家计量基准。

随着国际单位制量子化变革，越来越多的基标准已经采用量子化方式进行复现。国外相关机构已开展了量子基标准相关技术研究，比如量子电压、电能、时频等新型基标准技术。电力量子基标准技术是未来基标准技术发展趋势。电力量子基标准通过量子现象复现电压、电流、电能等电学量，是量子物理学和计量学相结合的产物，与传统计量基准相比，可实现任意时刻、任意地点、任意主体根据定义复现单位量值，大幅提高测量精度、稳定性和可复现性；同时通过量子计量基准与信息技术的结合可实现量值传递溯源链路扁平化，使量值传递链条更短、速度更快、测量结果更准更稳。其研究和应用将推动我国电力量值传统多级、树状传递的测量体系向扁平化发展，对我国电力系统量值可靠传递，支撑建立新型量传溯源体系具有重要意义。

电力量子基标准包含电流比例标准、电压比例标准、电阻标准、时频标准、局部放电标准和温度标准等，基于量子效应和物理常数的量子计量技术应用于计量基准和标准装置的小型化，可以促使计量标准器件实现更高的测量精度和设备的微型化，以便更好地适应不同的应用场景，例如中国计量科学研究院启动了“基于量子效应的仪表原位标校技术”项目，中国电力科学研究院开展了基于约瑟夫森量子电压效应的电能标准和电压比例标准的溯源技术，以提升实验室计量标准的溯源水平。

湖北省对电力量子标准开展了技术布局与研究，搭建了包含量子电压、电流、电能、时间频率标准系统。研制了电力领域首套量子电压标准系统，并通过自主研制的量子电压电子式互感器校验仪，解决了电力领域的数字量溯源的难题。量子电流标准系统基于光阴极电子枪与荧光探测技术，在量子电流强度、电流稳定性等方面达到国际先进水平。量子电能标准系统将电能量值溯源至自然物理常数，提升了电能计量能力。量子时间频率标准系统是以“三氢三铯”钟组为核心的电力时间频率最高计量标准装置，与国家时间频率基准偏差小于 8ns。同时，面向支撑未来电力、能源、航天等行业对大电流精密测量的需求，湖北省还将在省政府与国家电网有限公司的支持下开展量子大电流国家标准装置及试验系统、超特高压量子电压标准等系列电力量子基础类标准装置研发，建设原子气室、里德堡、单电子、NV 色心、粒子加速器、原子钟等微观粒子及量子器件操控研究平台，具备超低温、高超真空、极弱磁场、脉冲强电磁、高能空间辐射等精密基础极端试验条件。通过电力量子基标准体系的布局，建立电力量子量测标准体系，推动量子信息技术在电力领域全面应用，助推电力计量迈入量子化时代。

5.2.1.2　电源清洁高效开放互补方面

（1）量子测量。量子测量技术在电力系统的电源侧具有潜在的应用价值和显著的优势，尤其在发电机组绕组电流检测、并网逆变器电压测量和低电压穿越过程的瞬时电压测量等领域。例如在发电机组的绕组电流检测中，传统的电流检测方法受限于散粒噪声、测量量程以及传感材质等，难以实现宽量程范围内的非侵入式高精度电流测量，不能最大限度地减少安全隐患，保证可靠和持久的发电效果。而基于金刚石 NV 色心的量子测量系统能够利用量子效应和自身材料特性来打破这一限制，实现对发电机绕组电流的超高精度测量，这对于提高发电效率、减少能源损耗以及预防设备故障具有重要意义。例如在并网逆变器电压测量和低电压穿越过程的瞬时电压测量中，量子测量技术能够以超越传统互感器的超高灵敏度检测到电压的微小变化，实现电网电压波动的实时调节和控制，有助于提升电力系统的整体性能和稳定性。此外，量子测量还可以用于变压器、开关设备和发电机等设备的漏电流检测以及水轮机转轮、风力发电叶片的无损检测，例如水轮机、风机叶片体积大、质量大，且构成部件均呈空间曲面形，叶片长期运行后会存在裂纹、空蚀等危害性缺陷的风险，对于转轮叶片来说，做好风险预估和管理极其重要，这意味着早期裂纹的及早发现非常重要，这依赖于无损检测仪器的高灵敏度。基于金刚石 NV 色心的量子磁传感器以及原子磁力计等，能够在超宽温度范围下工作并提供高灵敏度的磁性探测，这对于检测变压器漏电流产生的微弱磁场是非常有用的。

（2）量子通信。量子通信在电力系统电源侧的主要应用分为发电机组调度控制通信、光伏无人机巡检通信和加密网络安全应用三个方面。量子通信可以提供高效的远程控制，例如国网浙江省电力有限公司绍兴供电公司通过量子通信技术，实时监测发电机组的运行状态，及时调整发电量和电网频率，从而提高电力系统的稳定性和可靠性。此外，量子通信也在解决山区“电力孤岛”问题上发挥了重要作用，例如国家电网有限公司利用量子通信，实现了对位于山区的线路末端发电机的远程控制，解决了该区域长期存在的单电源难题。量子通信可以在光伏无人机巡检通信中提供安全的数据传输通道，保障巡检数据的完整性和安全性。量子通信可以实现水电站网络加密安全应用，例如中国长江电力股份有限公司在信息化系统融合应用量子加密技术，通过量子密钥加密实现灾备数据的安全传输，并制定符合长江电力管理需求的密码管理规范，利用量子通信构筑全面高效的水电站网络安全防护体系。

（3）量子计算。量子计算在电力系统中发挥着重要的作用，尤其是在水力发电动态评估、火力发电预测、风力发电优化和分布式光伏群调群控等领域。一方面，水力发电在清洁能源领域比重大，受枯季和汛期来水条件限制，还需要满足受端电网调峰需求，量子计算机可以构建水电站—机组跨电网、全周期、多层级无缝嵌套一体化智能发电调控，实现水力发电全域态势评估、全局协同优化。另一方面，量子计算机具有高效的计算能力，能够处理大量数据并进行复杂的模拟，有助于更准确地预测火力发电的效率和产量。另外，风力发电的不稳定性给电网带来了挑战。量子计算机可以用于优化风力发电的调度和控制，从而提高风电并网的稳定性和效率。对于分布式光伏群调群控，量子计算机可以通过高效的计算和模拟技术，实现对大量光伏电池板的集中管理和优化，提高光伏发电的整体效率。

5.2.1.3 电网柔性互联安全可控方面

（1）量子测量。在电网侧，量子测量主要涉及两方面的应用，一方面是电流互感器以及电压互感器等，例如中国电力科学研究院武汉分院研制的小型化全光纤结构量子电流互感器，实现了超越传统经典测量原理的精度，同时还具有远程校准属性，在并在 10kV 配网专用变压器用户挂网运行，这标志着量子测量技术在电力领域的应用迈出了重要的一步，还被用于变电站交直流互感器、避雷器等电压电流测量装置。另一方面是电力现场检测装置，包括变压器、断路器、高压电缆、GIS 等设备的局部放电测量，其中基于光量子效应的 GIS/GIL 局部放电检测技术能够有效提高测量系统的抗干扰性和灵敏度，对减少现场检测装置的漏报、误报具有重要意义。此外，还有变压器绕组变形、铁芯接地电流测量，输电线路杆塔沉降、线路覆冰、舞动等参量测量，以及换流阀电磁波及电源管理单元等领域的量子精密传感。量子测量技术的应用不仅提高了电力系统测量的精度和可靠性，也为电力设备的小型化和智能化提供了新的技术路径。

（2）量子通信。在电网侧，量子通信方面主要涉及到两方面应用，一方面是变电站保密通信，另一方面是应急通信保密网。主要通过通信链路加密来保护数据中心，以及利用量子不可克隆和不可分割的特性来实现安全量子密钥分发，实现不可破译的保密通信。例如，2023 年国网湖北省电力有限公司武汉供电公司试点将量子加密通信技术引入武汉电网配电自动化领域，成功在武汉市经开区供电环网内的配电自动化终端实现了量子加密通信。

（3）量子计算。量子计算在电网侧发挥着重要的作用，尤其是在潮流分析、电网调度和电力系统仿真等领域。例如利用 Shor 和 Grover 等量子算法求解复杂电力系统的电压分布和功率分布，发挥量子算法高速并行计算的优势，大幅度减少计算时间；还可以通过量子计算更有效地优化电网调度策略，提高电力系统的整体性能；此外，利用量子计算的强大计算能力可以更准确地模拟电力系统的动态行为，为电力系统的设计和运行提供有力的支持。

5.2.1.4 负荷灵活控制友好互动方面

（1）量子测量。在负荷侧，量子测量主要涉及两个方面的应用，一方面是用户侧电能表和充电桩等电流测量，另一方面是环网柜和故障指示器等电压测量。量子测量技术在负荷侧的应用主要体现在其能够提供超越传统方法的宽量程范围测量精度以及小电流的高灵敏探测，这对于电能表和充电桩的精确计量具有重要意义，例如日本东京工业大学团队开发的紧凑型金刚石 NV 色心量子传感器能够在复杂运行环境中准确检测到毫安级的电流，电流测量准确度从 10% 提升至 1% 以内，将电动汽车的续航里程延长约 10%。此外，量子测量还可以用于接地电阻测量、线缆检测等方面测量，例如，通过使用量子磁力仪，可以实现最高磁场测量灵敏度可达 fT 量级（10^{-15} T），这对于微弱磁场的测量非常重要。

（2）量子通信。量子通信在电力系统负荷侧的主要应用分为电力载波通信和用户数据保密通信两个方面。在电力载波通信方面，通过量子通信技术，不仅可以实现与公网的安全对接，保障公网的传输通道安全，而且还能在整个电网的通信体系中进行量子加密。在用户数据保密通信方面，量子通信能够实现完全保密通信，这对于保护用户的隐私数据至关重要。例如，智能配电终端的应用可能会涉及外网，通过量子通信技术就可以保障这些通道的安全。

（3）量子计算。量子计算在电力系统中发挥着重要的作用，尤其是在工商业用电行为分析、低压台区负荷调度和负荷预测等领域。例如在工商业用电行为分析方面，量子计算可以提供精确的数据分析，从而更好地理解并优化工商业用户的用电行为。通过定义用电特性指标、划分负荷重要性等级，可以建立针对精细化需求响应的新型负荷特性分析指标体系。此外，智能电表数据的广泛应用也推动了电力大数据时代的到来，这使得对用户用电行为的分析更为深入和精准。在低压台区负荷调度和负荷预测方面，量子计算同样表现出了巨大的潜力，它可以快速处理大量的数据并进行高精度的预测，提前预知未来的电力需求，从而做出更加合理的电力调度决策。

5.2.1.5 储能泛在参与灵活赋能方面

（1）量子测量。在电力系统的储能方面，量子测量主要涉及电池管理系统（BMS）的电流测量、并网储能设备的电压测量，另外，还用于锂电池杂质检测以及核聚变磁场检测等领域。例如利用金刚石 NV 色心对电池充放电过程中的宽范围电流进行准确测量，对于准确估算电池的充电状态和延长电池使用寿命意义重大。另外，利用量子测量技术实现并网储能电池组输出电压的精确控制，以保证电能的有效输出和电网的稳定运行。量子测量也可在锂电池杂质检测中发挥着重要作用，例如，国仪量子利用扫描电子显微镜对锂离子电池的负极材料、正极材料、隔膜等原材料进行检测，避免因原料质量低、引入杂质和加工工艺不当而引起的电池失效。在核聚变领域，量子测量也起着关键的作用。例如，量子测量技术可以用于检测和监控核聚变反应产生的强磁场，以确保核聚变过程的安全和稳定。

（2）量子通信。量子通信在电力系统储能侧的应用主要在储能并网控制通信方面。量子密钥分发是最先走向实用化和产业化的量子信息技术，可以提供超高的安全性，对于保护电力系统中的敏感信息尤为重要。例如，在储能并网控制中，通信的安全性至关重要，因为任何信息的泄露都可能导致储能系统的运行出现问题，使用量子密钥分发技术可以有效地保护通信的安全，确保储能并网控制的稳定运行。

（3）量子计算。量子计算在电力系统储能中的应用具有巨大的潜力。在储能容量配置规划、储能优化控制和混合式抽水蓄能电站优化调度等领域，量子计算都可以发挥重要作用。量子计算可以以指数级的加速解决许多计算问题。随着我们的能源越来越多地来自风力涡轮机和光伏系统，计算并确保电网稳定以及防止电缆和变压器过载问题变得更加复杂。在这种情况下，量子计算的强大并行计算能力就可以大有作为。量子计算对于提高可再生能源的渗透率、提升计算效率、助力实现净零排放目标等方面具有深远而至关重要的意义。

5.2.1.6 市场智慧共享活力创新方面

量子信息技术在市场智慧共享活力创新方面的应用主要集中在量子通信和量子计算方面。量子计算机的高算力可以用于处理大量的数据，这对于市场分析和预测具有重要的价值。例如，量子计算可以用于分析市场趋势、消费者行为等，从而帮助企业做出更好的决策。此外，由于量子通信的加密性，它还可以保护信息的安全，防止信息被非法窃取或篡改。通过量子计算和量子通信技术，监管部门可以实时监控市场动态，及时发现并处理各种违规行为。

（1）量子测量。量子测量在电力市场的应用主要涉及电能数据采集的同步性和电力交易的实时性。精准的量子时频对于电能数据准确性至关重要，同时，可保证电能贸易结算和电力市场交易的实时性。

（2）量子通信。量子通信在电力市场交易的应用主要在电能信息加密通信方面，能够有效地保护电力系统中的电能数据安全，防止电能数据被非法窃取或篡改，保证电能结算和电力交易的准确可靠。

（3）量子计算。量子计算在电力市场交易中的应用主要在电力市场交易分析和碳排放评估等方面。量子计算机的算力强大，对于处理复杂的电力市场交易模型和大量的数据具有显著的优势。例如，北京清大科越股份有限公司与北京玻色量子科技有限公司共同开发的基于光量子计算的电力能源领域解决方案，就充分发挥了量子计算在电网智能调度、电力市场交易、智能发售电及能源互联网等典型业务场景的技术优势。

5.2.2 电力量子信息技术路线规划

在量子测量方面，量子测量技术在传感尺寸、测量灵敏度、测量准确度及环境适应性等方面相比传统测量技术具有不可比拟的优势，极大地提升电力系统基础数据的获取水平。比如，在电流测量方面，现有的电流测量技术在宽温域、大量程和复杂工况场景下难以实现精准测量，且传感器件的测量性能易受环境影响，基于金刚石 NV 色心的量子电流互感器，能够实现电流的量子化测量，突破现有传感器的精准测量和环境适应性等局限，同时具备量子扁平化溯源和量值随时随地复现的优势，解决传感器环境适应性不强、测量可靠性不高和挂网后周期校准难等方面的问题。电力量子测量技术规划如图 5-2 所示。

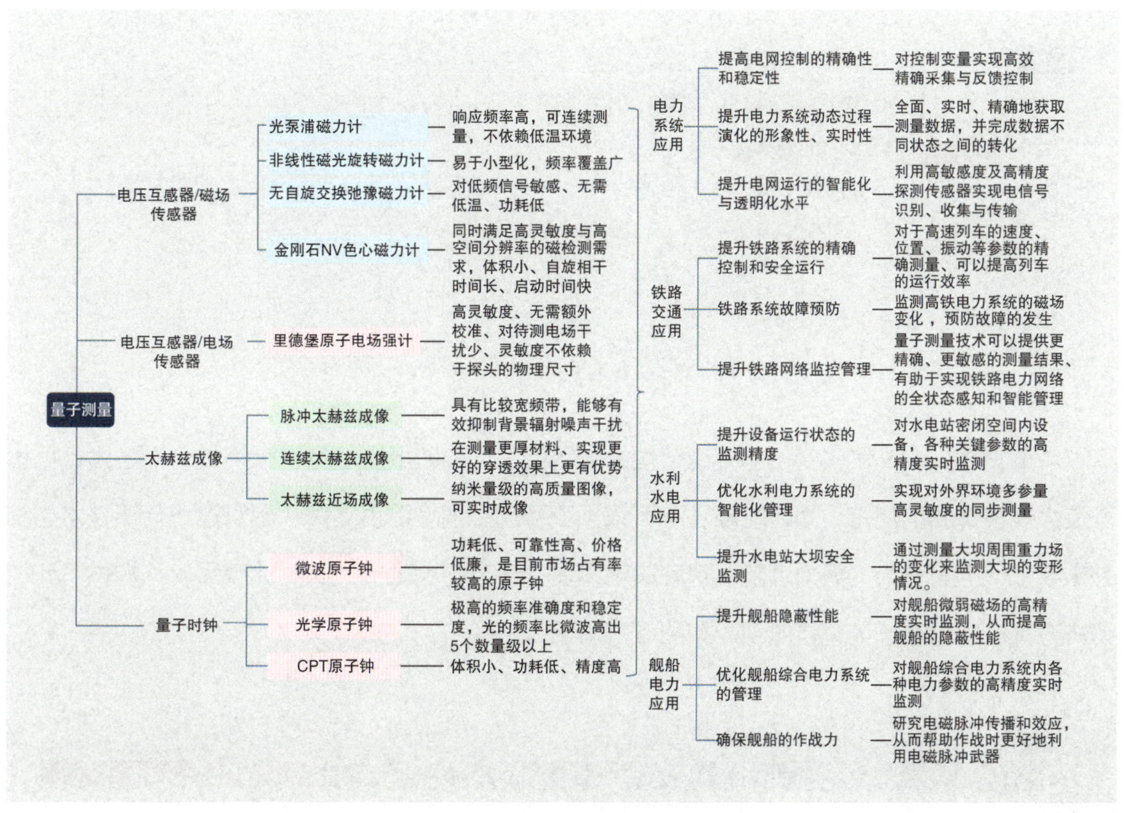

图 5-2 电力量子测量技术规划

量子通信方面，电网作为重大基础设施，其数据的安全性不言而喻。一方面，电力大量数据时刻存在被攻击的可能性；另一方面，随着量子计算的算力提升，现有密码体系未来可能被颠覆。当前，基于量子力学原理的量子密钥分发（QKD）技术，可以发现信息传输线路是否存在窃听，并且开展了实际应用。此外，抗量子密码技术（PQC）通过新的算法技术，去应对未来量子计算机的算力逐渐成熟时带来的挑战，使这些新技术可为现有信息传输的安全提供一种新的解决方案，进一步保障数据传输的安全性。电力量子通信技术规划如图 5-3 所示。

量子计算方面，量子计算在电力系统中的应用还处于初级阶段，但已经显示出了巨大的潜力和价值，极大的助力电力海量数据的处理与数据的增值。例如，将量子计算技术引入电力系统可能会对提高可再生能源的渗透率、提升计算效率、助力实现净零排放目标等方面产生深远的影响。目前，除了传统的火力发电之外，新型发电技术，例如光伏和风力可再生能源发电，

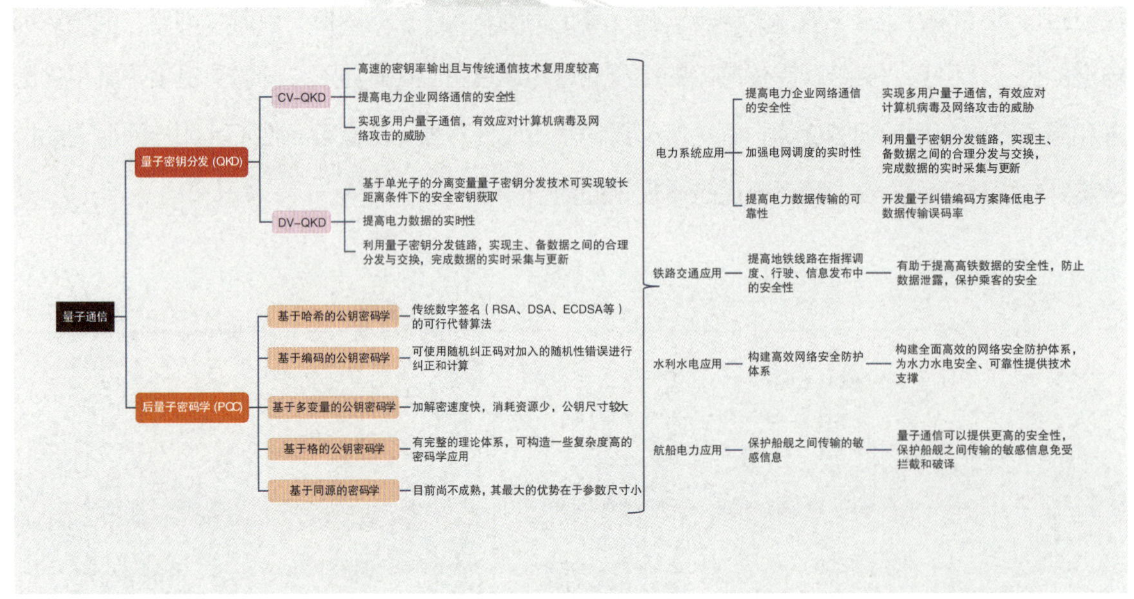

图 5-3　电力量子通信技术规划

极端依赖气候环境，气候变化的不确定性为电网负荷调控和经济运行带来挑战，需要大数据模型及大规模算力的加持，为新能源发电气候预测和动态调度提供支撑，尽管量子计算技术当前并未收敛，但其强大的算力潜能，对解决电网多个环节的大规模、实时计算需求，提供了新的解决方案。电力量子计算技术规划如图 5-4 所示。

	超导	离子阱	光量子	中性原子	半导体	金刚石NV色心	拓扑量子比特
技术路线	Current Inductor Capacitors Microwaves	Laser Electron			Microwaves	Electron Vacancy Laser N C	Time
技术原理	• 超导约瑟夫森结的能级 • 微波、射频信号操控	• 离子外层电子的能级 • 激光、微波等操控	• 光子的偏振、自旋等 • 非线性器件的作用	• 原子外层电子的能级 • 激光、微波等操控	• 硅基量子点电子的自旋 • 微波、射频信号操控	• 未成对电子的自旋 • 激光操控	• 非阿贝尔任意子
技术优劣势	• 高可拓展性 • 易于测量和控制，与成熟的微波技术兼容 • 极低温(10mK)芯片运行环境	• 双量子比特门保真度最高 • 需要超高真空环境	• 光不受噪声源影响 • 围绕光子架构开发的软件较滞后 • 不易构造逻辑量子比特	• 高可拓展性(原子可在三维空间排布) • 激光系统复杂	• 量子比特寿命长 • 对低温的要求相对较低 • 量子比特门保真度较低	• 性质稳定，比特寿命较长 • 量子比特门保真度较低 • NV色心缺陷不可精确控制	• 可在硬件方面自动纠错
重点企业/机构	• Google • IBM • Rigetti • 本源量子 • 国盾量子 • 量旋科技	• Quantinuum • IONQ • AQT • 华翊博奥 • 启科量子 • 幺正量子 • 国仪量子	• PsiQuantum • Xanadu • 图灵量子 • 玻色量子 • 正则量子	• Atom Coumputing • QuEra • Infleqtion • Pascal • 中科酷原 • 天之衡量子	• Intel • HRL Labs • Silicon Quantum Computing • 本源量子	• Quantum Diamond Technologies • 国仪量子	• Microsoft • 北京量子院 • 深圳量子院

图 5-4　电力量子计算技术规划

5.3 产业体系

湖北省量子科技核心产业规模超 3 亿元，现已培育 15 家企业，其中国家高新技术企业 4 家，仍在加大力度扩大省内量子产业规模。目前，湖北省在量子科技领域的企业多集中于基础器件环节，例如烽火通信科技股份有限公司、武汉长飞光纤光缆股份有限公司、谱线光电科技（武汉）有限公司等可提供高性能光源、光纤、光学元器件以及光学芯片等产品。这些企业数量众多，构成了产业链的基础部分。在量子测量领域，湖北省在铷钟、原子重力干涉仪、芯片原子钟、原子磁强计、量子电流互感器等中游产品的研发与生产方面拥有一定数量的企业，例如中科酷原科技（武汉）有限公司、中科泰菲斯（武汉）技术有限公司、武汉中科牛津波谱技术有限公司等，但由于下游应用场景的限制，导致相关下游企业的数量较少。在量子通信领域，有中国长江电力股份有限公司、长江量子（武汉）科技有限公司、武汉航天三江量子通信有限公司（因中国航天三江集团有限公司退出股份，现已更名为武汉国盾量子有限公司）、武汉光谷量子技术有限公司等企业，涉及量子保密芯片、量子密码分发设备、量子网关设备、量子安全管控平台、量子光电子芯片等众多产品诸如量子交换机、量子随机数发生器等关键产品的一体化整合解决方案仅在武汉国盾量子有限公司单一销售。在量子计算领域，仅有中科酷原科技（武汉）有限公司一家公司涉足，尚未形成完整的产业链条。

电力量子产业的上游领域指的是在电力量子技术及其应用的整个产业链中，负责提供基础材料和核心器件的部分。在电力量子产业的上游领域，急需建立一批具备自主知识产权的核心材料和核心器件制造企业。在外围保障方面，仍然依赖国外供应高性能脉管制冷机和分子泵。因此，迫切需要在低温系统与真空系统制造方面展开布局，给国产企业更多试错机会，鼓励中游整机企业使用国产化设备，省内依托华中科技大学聚变与等离子体研究所、机械科学与工程学院等研发单位，促进低温系统与真空系统设备迭代创新，以实现自主供应能力的建立。在核心器件方面，尽管金刚石氮空位色心、碱金属原子气室和量子比特芯片等量子材料具有重要的应用潜力，但国内尚未形成成熟的产能，省内可通过华中科技大学物理学院、中国电力科学研究院等相关单位开展高品质量子材料的自主化研制，加快工艺迭代进程。此外，高功率高稳定光源和高信噪比单光子探测器等器件大部分仍然依赖进口。国外激光器产品类型丰富，可调节幅度大、频率稳定性高。国内产品在频率稳定性、工作波段拓展、器件寿命和良品率等方面有差距。在激光增益芯片方面，我国与国外有差距。探测器方面，国产 SNSPD 在量子领域的科研应用，已经开拓了很多高校院所客户，但是对于更广泛的行业应用。即使在自定义测控核心器件方面，如宽带宽捷变频微波源和信号锁相放大器等，国内的研发仅处于小规模阶段，研发驱动力主要为国产替代，商业化水平低，创新度较低。因此，迫切需要布局量子材料制造企业以及光电和电子制造企业，包括激光器、微波源和探测器等设备，以确保电力量子产业链的完整覆盖，推动我国电力量子产业的健康发展。电力量子产业链上游布局如图 5-5 所示。

图 5-5　电力量子产业链上游布局

电力量子产业的中游领域指的是在电力量子技术及其应用的整个产业链中，负责将上游提供的基础材料和核心器件进行集成、加工，制造成各种电力量子设备和系统的部分。在电力量子产业的中游领域，需要充分利用武汉南瑞责任有限公司、武汉中元华电科技股份有限公司、武汉格蓝若智能技术股份有限公司等在电力设备制造方面的优势和经验。同时，还应结合烽火科技集团有限公司、中电信数智科技有限公司等在电力信息通信领域的技术实力和经验。此外，还需要借鉴武汉华能科技有限公司、腾讯云、京东探究研究院等企业在电力仿真计算方面的专业知识。在这些基础上，结合科大国盾量子技术股份有限公司、中科酷原科技（武汉）有限公司、武汉光谷量子技术有限公司等新兴量子科技企业的技术创新能力，同时培育武汉大学计算机学院、中国科学院精密测量科学与技术创新研究院等研发团队，形成一批综合实力雄厚、覆盖发、输、变、配、用、市场等环节的电力量子设备硬件制造与软件算法企业，以满足电力量子产业的多样化需求和融合使用场景。电力量子产业链中游布局如图 5-6 所示。

中游

硬件制造

信息通信

软件算法

图 5-6　电力量子产业链中游布局

电力量子产业的下游领域指的是在电力量子技术及其应用的整个产业链中，负责将中游制造的电力量子设备和系统进行实际应用、运营和维护的部分。在电力量子产业的下游领域，需要将国家电网有限公司、中国长江三峡集团有限公司、中冶南方工程技术有限公司等资源整合，形成电力量子工程柔性组织，促进电力量子设备试点应用与示范工程的顺利落地。同时，还需要与电力运维公司合作，提供电力量子设备的运行维护和效果评价服务，确保设备长期稳定运行。此外，还应联合武汉量子技术研究院、中国电力科学研究院、长江水利委员会长江科学院等科研机构，形成电力量子智囊团。这个智囊团将为电力量子试点设备提供技术支持，并开展顶层设计和发展规划，推动电力量子产业的发展和应用。电力量子产业链下游布局如图 5-7 所示。

图 5-7　电力量子产业链下游布局

5.4 标准体系

5.4.1 电力量子信息技术标准

标准制定工作对产业发展具有重要意义，根据对量子通信、量子计算和量子测量全球主要标准的梳理分析，湖北省作为建设和引领电力量子未来产业发展的先行者之一，结合电力能源网络的业务属性和发展需求，主要在量子测量和计量领域开展标准化工作，在量子通信、量子计算方面，作为标准工作的积极参与者，开放应用场景，为全面的标准制定提供支持。

在电力量子标准化顶层设计、电力量子应用场景、电力量子基础器件和量子计量标准等四个方面进行电力量子信息技术标准布局，涵盖电力量子测量、量子通信和量子计算三个领域，建立电力量子信息技术标准体系。电力量子信息系统标准体系框架如图 5-8 所示。

在电力量子信息技术标准顶层设计方面，布局了导则和总体要求两部分标准，其中包括电力量子信息技术导则、电力量子信息技术术语、电力量子测量、电力量子通信和电力量子计算的通用技术要求，为电力量子信息技术标准体系的建立提供总体指导思路。

在电力量子应用场景方面，重点围绕电力系统“源、网、荷、储、市场”五个场景布局一批电力量子测量设备、量子通信和量子计算模型相关标准，推动电力量子设备的产业化和标准化应用，解决当前和未来电力系统在计算能力、信息安全传输、精密测量和传感等领域的重大挑战。现阶段，量子测量技术在电力领域的产业化和实用化进程相对较快，可以优先布局相关标准，其次，量子通信依托成熟的量子密钥分发等技术也在快速实现商用化，并开始在电力领域应用，可以考虑布局相关标准，量子计算目前相对处于研发阶段，算力规模有限，适合中长期标准布局。

在电源侧，针对火电、水电、风电以及分布式光伏等发电场景的电压、电流高精度高灵敏度传感、保密通信和强大的算力需求，布局一批量子产品或技术标准。量子测量方面，布局一批产品技术标准，适用于检测发电机组强电流的量子电流互感器、检测并网逆变器输出电压的量子电压互感器、检测低电压穿越的量子电压互感器等，还可以在发电机组调试以及光伏无人机巡检等场景布局量子通信技术要求相关标准，以满足重要场景中的保密通信要求。此外，在火力发电预测、风力发电优化以及分面式光伏群调群控方面，涉及强大的算力支撑，可以布局量子计算模型相关标准。电源侧布局的相关量子标准及优先级排序如表 5-1 所示。

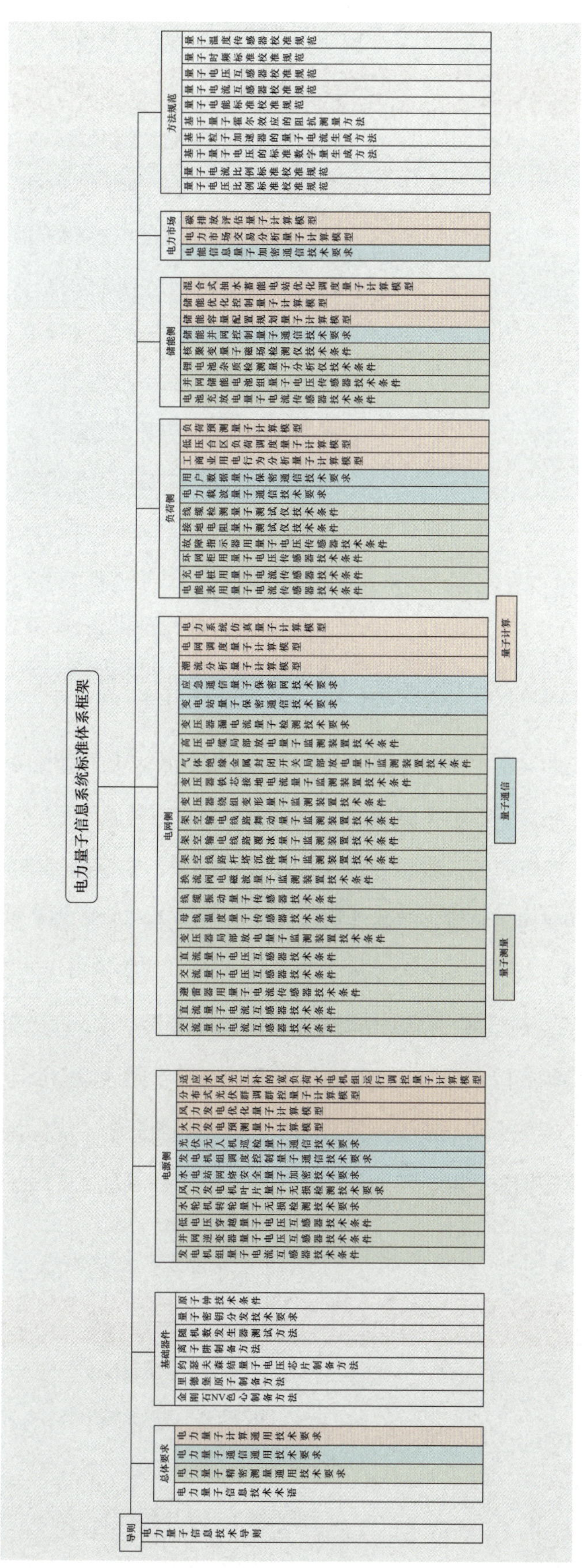

图 5-8 电力量子信息系统标准体系框架

表 5-1　电源侧布局的相关量子标准及优先级排序

序号	标准名称
1	发电机组量子电流互感器技术条件
2	并网逆变器量子电压互感器技术条件
3	低电压穿越量子电压互感器技术条件
4	发电机组调度控制量子通信技术要求
5	光伏无人机巡检量子通信技术要求
6	火力发电预测量子计算模型
7	风力发电优化量子计算模型
8	分布式光伏群调群控量子计算模型
9	适应水风光互补的宽负荷水电机组运行调控量子计算模型
10	水轮机转轮量子无损检测技术要求
11	风力发电机叶片量子无损检测技术要求
12	水电站网络安全量子加密技术要求

在电网侧，针对电力系统中关键计量设备及电力设备状态监测、智能变电站设备通信以及电网调度仿真等场景，布局一批相关标准。量子测量方面，布局适用于交流输电系统和直流输电系统的量子电流 / 电压互感器、避雷器用量子电流传感器、变压器局部放电量子监测装置、变压器铁芯接地电流量子监测装置、气体绝缘金属封闭开关局部放电量子监测装置、高压电缆局部放电量子监测装置、架空输电线路舞动量子监测装置、架空输电线路覆冰量子监测装置、架空线路杆塔沉降量子监测装置、换流阀电磁波量子监测装置、电网同步相量量子测量单元、量子时频远程校准网络等的技术标准。量子通信方面，在变电站通信以及电网应急通信等方面布局量子通信技术要求相关标准。量子计算方面，重点在潮流分析、电网调度以及电力系统仿真方面布局量子计算模型相关标准。电网侧布局的相关量子标准及优先级排序如表 5-2 所示。

表 5-2　电网侧布局的相关量子标准及优先级排序

序号	标准名称
1	交流量子电流互感器技术条件
2	交流量子电压互感器技术条件
3	直流量子电流互感器技术条件
4	直流量子电压互感器技术条件

续表

序号	标准名称
5	量子时频远程校准网络技术要求
6	电网同步相量量子测量单元技术条件
7	避雷器用量子电流传感器技术条件
8	变压器局部放电量子监测装置技术条件
9	变压器绕组变形量子监测装置技术条件
10	变压器铁芯接地电流量子监测装置技术条件
11	气体绝缘金属封闭开关局部放电量子监测装置技术条件
12	高压电缆局部放电量子监测装置技术条件
13	架空输电线路舞动量子监测装置技术条件
14	架空输电线路覆冰量子监测装置技术条件
15	架空线路杆塔沉降量子监测装置技术条件
16	换流阀电磁波量子监测装置技术条件
17	变电站量子保密通信技术要求
18	应急通信量子保密网技术要求
19	潮流分析量子计算模型
20	电网调度量子计算模型
21	电力系统仿真量子计算模型
22	变压器漏电流量子检测技术要求

在负荷侧，针对充电桩、电动汽车、电磁弹射、轨道交通、冶金工业等场景，布局相关技术标准。量子测量方面，规划充电桩用量子电流传感器、环网柜用量子电压传感器、脉冲大电流互感器、电动汽车用小电流量子电流传感器、故障指示器用量子电压传感器、电能表用量子电流传感器、接地电阻量子测试仪、线缆检测量子测试仪等产品的技术标准。量子通信方面，重点围绕电力载波通信和用户数据通信等方面布局相关技术标准。量子计算方面，针对工商业用电行为分析、低压台区负荷调度以负荷预测等方面布局量子计算模型相关标准。负荷侧布局的相关量子标准及优先级排序如表 5-3 所示。

表 5-3　负荷侧布局的相关量子标准及优先级排序

序号	标准名称
1	充电桩用量子电流传感器技术条件
2	环网柜用量子电压传感器技术条件

续表

序号	标准名称
3	故障指示器用量子电压传感器技术条件
4	电能表用量子电流传感器技术条件
5	接地电阻量子测试仪技术条件
6	线缆检测量子测试仪技术条件
7	电力载波量子通信技术要求
8	用户数据量子保密通信技术要求
9	工商业用电行为分析量子计算模型
10	低压台区负荷调度量子计算模型
11	负荷预测量子计算模型

在储能侧，针对并网储能电池组、核聚变储能等场景，布局相关技术标准。量子测量方面，量子测量技术可以应用于电池充放电电流测量、电池组输出电压测量、核聚变磁场检测以及锂电池杂质检测等领域，可以布局一批量子传感器相关技术标准。量子通信方面，布局储能并网控制量子通信技术要求相关标准。量子计算方面，在储能容量配置规划、储能优化控制和混合式抽水蓄能电站优化调度等布局相关标准。储能侧布局的相关量子标准及优先级排序如表 5-4 所示。

表 5-4 储能侧布局的相关量子标准及优先级排序

序号	标准名称
1	电池充放电量子电流传感器技术条件
2	并网储能电池组量子电压传感器技术条件
3	核聚变量子磁场检测仪技术条件
4	锂电池杂质检测量子分析仪技术条件
5	储能并网控制量子通信技术要求
6	储能容量配置规划量子计算模型
7	储能优化控制量子计算模型
8	混合式抽水蓄能电站优化调度量子计算模型

在电力市场侧，针对电能交流信息、电力市场交易分析以及碳排放评估等场景，布局相关技术标准。量子通信方面，布局电能信息量子加密通信技术要求相关标准。量子计算方面，布局电力市场交易分析量子计算模型、碳排放评估量子计算模型等相关标准。电力市场侧布局的相关量子标准及优先级排序如表 5-5 所示。

表 5-5　电力市场侧布局的相关量子标准及优先级排序

序号	标准名称
1	电能信息量子加密通信技术要求
2	电力市场交易分析量子计算模型
3	碳排放评估量子计算模型

在电力量子基础器件方面，围绕电力量子应用场景中的电力量子设备，在上游的量子器件方面提前布局相关标准，加强量子基础器件生产及制备的标准化和规范化。例如金刚石 NV 色心、里德堡原子、约瑟夫森量子电压芯片、离子阱、原子钟等量子测量领域的基础量子器件的制备方法和技术条件。此外，还包含量子计算的随机数发生器和量子通信的量子密钥分发等相关标准。电力量子基础器件布局的相关量子标准及优先级排序如表 5-6 所示。

表 5-6　电力量子基础器件布局的相关量子标准及优先级排序

序号	标准名称
1	金刚石 NV 色心制备方法
2	里德堡原子制备方法
3	约瑟夫森结量子电压芯片制备方法
4	原子钟技术条件
5	离子阱制备方法
6	量子密钥分发技术要求
7	随机数发生器测试方法

在量子计量标准方面，结合当前量子测量技术在电力计量领域的溯源应用，重点围绕电压、电流、电阻、电能、时频、温度等领域的电力量子设备，布局一批基于量子信息技术的计量标准测试方法及校准规范等标准。例如基于量子电压的标准数字量生成方法、基于粒子加速器的量子电流生成方法、量子电能标准校准规范、量子电流互感器校准规范、量子电压互感器校准规范、量子时频标准校准规范、量子电流比例标准校准规范、量子电压比例标准校准规范、量子霍尔效应的阻抗测量方法、量子温度传感器校准规范等，保证电力量子设备及传统计量标准装置溯源的准确可靠。量子计量标准布局的相关标准及优先级排序如表 5-7 所示。

表 5-7　量子计量标准布局的相关标准及优先级排序

序号	标准名称
1	基于量子电压的标准数字量生成方法
2	基于粒子加速器的量子电流生成方法
3	量子电能标准校准规范
4	量子电流互感器校准规范
5	量子电压互感器校准规范
6	量子时频标准校准规范
7	量子电流比例标准校准规范
8	量子电压比例标准校准规范
9	基于量子霍尔效应的阻抗测量方法
10	量子温度传感器校准规范

5.4.2　电力量子信息技术标准化时间图

电力量子信息技术标准时间图概括并定义了湖北省电力量子信息技术领域相关技术标准化过程。电力量子信息技术涉及精密测量、通信与计算等方面，采用的量子信息技术不同、应用场景不同，赋能技术的发展阶段也不同，通用的技术标准化方法无法涵盖各种量子信息技术和应用等所有方面的技术标准，但可以为技术标准化提供一个全面的标准化时间框架。

电力量子信息技术标准时间图如图 5-9 所示，该时间图始于研发原型和商业化之间的临界时间点（2023 年）。技术标准时间图涵盖了基础器件、电力量子测量、电力量子通信以及量子电力计算四个部分。从目前国内外标准化情况，现阶段的技术标准主要集中在基础器件的制备方面，而电力量子测量与电力量子通信方面的产品正在研发推广中。预计经过 1~3 年的时间，基础器件的标准化工作将全面开展，部分量子传感及通信产品标准进入编制阶段；3~5 年之后，在电力领域，量子测量及量子通信将进入推广应用阶段，相应的技术标准将陆续完善，电力量子计算标准化工作进入启动阶段；5 年之后，量子测量及量子通信预计将在电力领域大规模推广应用，以构建完善的电力量子传感及通信网络，相关技术标准进入报批或发布阶段，电力量子计算标准化工作将有序开展。电力量子信息技术标准时间图为电力量子信息技术标准化过程提供框架和参考，促进量子信息技术赋能电力领域发展。

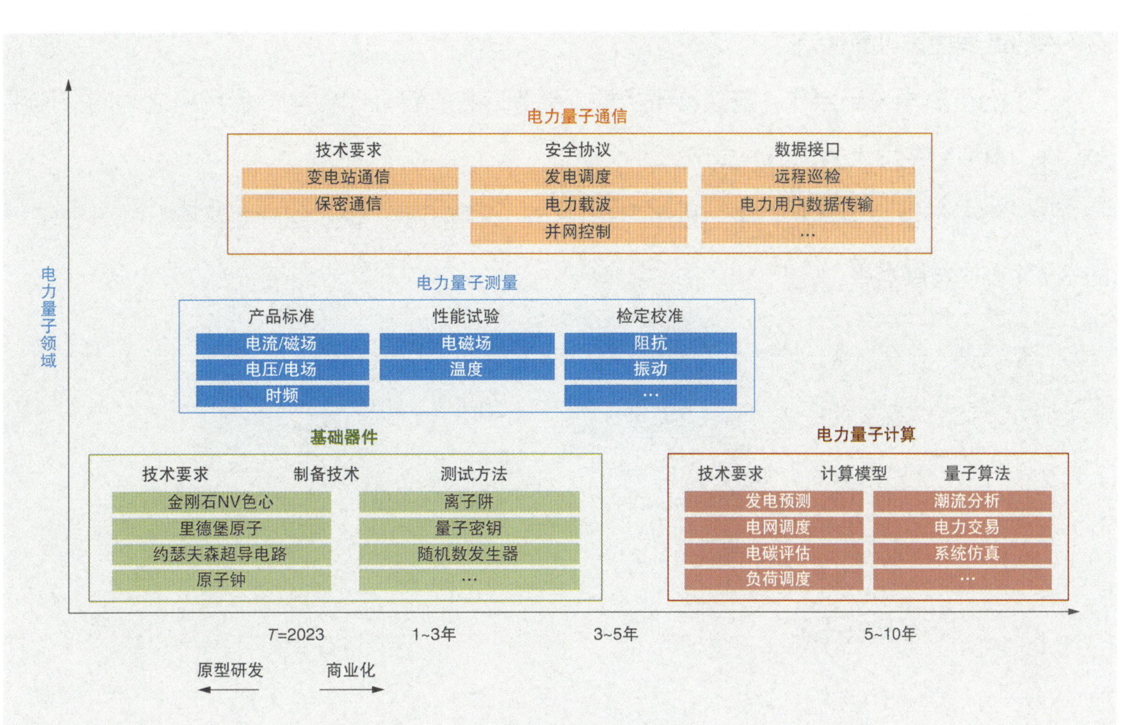

图 5-9　电力量子信息技术标准时间图

5.4.3　电力量子信息技术标准委员会

国内外计量组织陆续成立量子量测领域专委会，2024 年 1 月，国际电工委员会（IEC）和国际标准化组织（ISO）在日内瓦宣布成立量子技术联合技术委员会 ISO/IEC JTC 3，推动测量技术向量子方向发展。在国内，全国量子计算与测量标准化技术委员会（TC 578）主要负责全国量子计算与测量领域标准化技术的归口工作。其工作范围包括量子计算与测量术语和分类、体系结构、应用平台等技术领域的标准化工作。

但是，目前国内还缺乏专门计量标准化技术委员会，无法满足电力量子计量产业发展需求。湖北省作为我国电力领域的大省，在电力量子信息技术发展方面有着得天独厚的优势，需加快组建电力量子信息专业领域委员会，推动国家电力量子产业发展。湖北省电力量子信息技术委员会需要完善本省电力量子领域的技术布局，加快组建电力量子信息专业领域委员会，提高湖北省电力量子技术水平，规范湖北地区电力量子产品质量，推动湖北电力量子产业发展等方面有着重要意义：

（1）可推动湖北地区量子技术发展，促进湖北地区量子技术的研究和应用，进一步加强湖北地区在量子领域的核心竞争力。

（2）可加强技术研究与标准制定，规范湖北地区对电力量子技术相关标准，提高电力量子技术的准确性和可靠性。

（3）促进产学研用合作，搭建科研机构、高等院校、产业单位与产品用户之间的交流平台，推动电力量子技术的创新与应用。

（4）提升行业发展水平，电力量子具有广泛的应用前景，通过组建委员会，提升量子行业在湖北省的发展水平。

6 湖北省电力量子应用示范工程场景展望

6.1 量子变电站示范工程场景

变电站是电力系统中的关键节点，负责将高压电能从输电网络转换为适合地方配电的电压等级。其核心设备包括主变压器、高压断路器、隔离开关、电流互感器和电压互感器。这些设备共同作用，实现电能的可靠变压和分配，确保电力的稳定传输和用户的持续供电。

主变压器在变电站中起到变换电压等级的作用，比如将 220kV 的高压电能转换为 110kV 或更低电压，以适应配电网的需求，一般容量为 240MVA，冷却方式为油浸风冷或强迫油循环冷却。高压断路器则用于切断或接通电路，保护电力系统免受故障影响，如 SF_6 断路器、真空断路器、油断路器。隔离开关确保在设备检修时完全隔离电路，保障检修人员的安全。电流互感器和电压互感器分别用于精确测量电流和电压，为继电保护和自动化控制提供必要的数据支持。辅助系统如继电保护系统、自动化系统和直流电源系统，确保变电站的安全、可靠运行。继电保护系统监测和保护电力系统的安全运行，自动化系统实现对变电站的实时监控和控制，提高运行效率。直流电源系统为控制和保护设备提供不间断电源，确保在任何情况下变电站的正常运行。

变电站的运行和维护是其稳定运行的关键。定期巡检、状态监测和预防性维护可以及时发现和处理潜在问题，防止故障发生。变电站监测数据通信涉及实时性、可靠性、高带宽、大数据量处理、安全性、兼容性、标准化以及远程监控等多个方面，为变电站的高效运行和智能管理提供坚实基础。

总体而言，变电站在电力系统中起着至关重要的作用，通过量子技术的应用和科学的管理，可以实现电力的稳定传输和分配，为用户提供安全可靠的电力供应。

分布式量子传感器及远程校准溯源网络如图 6-1 所示。

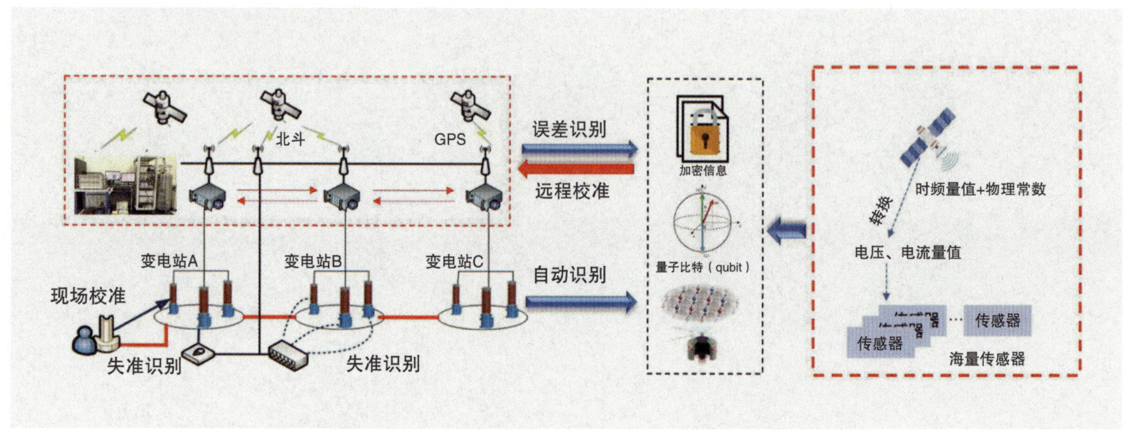

图 6-1　分布式量子传感器及远程校准溯源网络

量子变电站示范工程将量子技术在以下几个方面进行应用：

1. 电流、电压互感器测量及校准

在变电站中，电流互感器和电压互感器共同作用，确保电力系统的安全和高效运行。电流互感器将高电流转换为低电流，便于测量和保护；电压互感器将高电压转换为低电压，便于测量和保护。它们提供的二次信号被用作电力系统监测和控制的基础数据，支持继电保护、自动化控制和电能计量等功能。通过准确的电流和电压信号，保护装置能够快速响应故障，测量仪表能够精确记录电能消耗，自动化系统能够实现智能控制和优化调度，确保电力系统的稳定和可靠运行。

利用量子电流互感器、量子电压互感器不仅测量精度高、探头体积小，还可以有效解决传统电流互感器无法实时校准、校准方法困难的问题，并且配合远程频率校准源，还可以组成远程校准网路，将校准扁平化，高效化。

2. 变电站现场电磁环境检测

变电站作为电力系统的关键节点，承担着电能的变压、分配和控制等重要任务。为了确保变电站的安全运行和可靠供电，现场检测工作显得尤为重要和必要。现场检测不仅可以及时发现潜在问题，预防故障发生，还可以保障设备的安全运行，提高电力系统的稳定性和可靠性。现场检测能够及时发现设备的故障迹象，为故障诊断提供准确的初始数据。一旦设备发生故障，通过现场检测获取的详细数据可以帮助运维人员迅速分析故障原因，采取针对性的修复措施，缩短故障处理时间，迅速恢复供电，降低故障对电力系统和用户的影响。

利用量子电场测试仪探头体积小、绝缘、宽带宽的特点，可以有效解决电力现场检测设备测不准、校准难、检测频率窄等难题，并且通过宽频电磁场检测能力还能同时实现现场复杂电磁环境的检测。

3. 变压器绕组变形检测

变压器绕组变形是指在机械力和电动力的作用下，变压器绕组的尺寸和形状发生了不可逆转的变化。这些变化可能包括轴向和径向尺寸的变化、绕组位置移动、绕组扭曲、鼓包和匝间短路等问题。导致变压器绕组变形的主要因素包括运行过程中短路电流的热效应和电动力作用，导致线圈在短时间内变形；运输和安装过程中受到碰撞和冲击等。绕组变形不仅会影响变压器的绝缘性能，还可能降低其机械性能，使其在再次遭遇短路事故时无法承受巨大的冲击力，从而导致更严重的损坏。为了检测和诊断变压器绕组变形，需要采用专门的测试方法，现通常是进行绕组变形试验，以确保电力系统的安全和可靠性。

变压器绕组、电缆、电池变形后，其原有的漏磁磁场会发生梯度的变化，而现有技术难以实现变压器绕组变形的故障定位。可采用量子磁力计进行测量，量子磁力计主要特点为能够对物体或材料进行无创的磁性鉴别，从而控制材料的质量，这种检测不会改变被测材料的性状，尤其是金属类的材料。当金属材料内部存在缺陷时，在缺陷处，材料的电导率会发生变化。在施加交流电后，由于电磁感应原理，缺陷处会产生磁场梯度。通过测量磁场梯度，可以确定缺陷部位与程度。

4. 变压器剩磁无损检测

剩磁检测是变电站设备维护中一个重要的检测项目，主要针对变压器、断路器、互感器等含有铁芯和磁性材料的设备。剩磁是指在电磁设备通电后磁化并在电流断开后，磁性材料中残留的磁通密度，可能影响设备的正常运行，因此定期检测剩磁情况非常重要。变压器和互感器的铁芯剩磁会影响其磁化特性，导致设备在重新投运时出现励磁涌流，影响电力系统的稳定性，断路器的剩磁可能影响其开断能力和灭弧性能，导致设备故障。

利用量子剩磁检测装置，可以轻松实现纳特斯拉级的剩磁检测，通过定期和及时的剩磁检测，可以发现和处理设备的磁化缺陷，预防励磁涌流和保护装置误动作，保障电力系统的稳定性和可靠性。

5. 输电杆塔沉降、位移检测及架空输电线路覆冰、舞动监测

电力杆塔主要用于架设电力高压输电线路，是电力输送网络中的重要基础工程。杆塔在导线运行过程中不仅要承受自身和导线的垂直载荷，还需要承受电力导线架空后的张力载荷。在

自然力，重力、应力的外力作用下，杆塔地基容易发生形变，导致杆塔倾斜断线，使供电线路陷于瘫痪，造成重大经济损失；架空输电线路覆冰后会发生严重弧垂，并在风偏作用下产生舞动，严重时同样会导致杆塔倾斜断线。

目前大部分输电线路的杆塔倾斜沉降监测终端设备采用的仍是陀螺仪等传感器技术，其监测精度和时效性普遍不高，通过北斗杆塔沉降在线监测装置可以有效监测杆塔沉降，但其成本较高，且由于其需要依赖北斗卫星信号实现定位，在异常时有失去监测能力的潜在隐患。量子地磁场监测传感器可通过对比传感器所在方位磁场与已录入数据库地磁场分布图，来进行高精度的定位，可通过量子定位传感器实现输电杆塔沉降、位移检测及架空输电线路覆冰、舞动监测等导致输电线路原固有位置发生偏移的系列故障。

6. 变电站监测数据通信

变电站的监测数据包括电压、电流、功率、频率、温度等关键参数，这些数据需要实时传输到控制中心进行监控和分析，并且该数据涉及电力系统的核心运行信息，具有高度的敏感性和保密性。通信系统必须具备数据加密和安全传输机制，防止数据在传输过程中被非法截取和篡改。同时，应有完善的身份认证和访问控制措施，确保只有授权人员和设备才能访问和操作监测数据，保障数据的安全性和完整性。

通过量子密钥分发（QKD）技术，实现数据传输的无条件安全。传统的加密方式存在被破解的风险，电力数据属于高度机密数据，而量子密钥分发利用量子力学的基本原理，如测不准原理和量子态不可克隆性，确保密钥分发过程中即使存在窃听者，也无法窃取或篡改信息而不被发现。通过量子密钥分发，电力数据的传输变得极为安全，防止信息泄露和网络攻击，从而大幅提升电力系统的安全性。

7. 变电站电力数据预测与电力调度

电力数据预测是电力系统运行和管理的重要组成部分。通过对变电站历史数据和实时数据的分析，预测未来的电力需求和供电情况，能够为电力调度和负荷管理提供科学依据，保障电力系统的稳定运行。常用的电力数据预测模型包括时间序列模型（如 ARIMA、SARIMA）、机器学习模型（如随机森林、支持向量机）、深度学习模型（如 LSTM、GRU）等。

量子计算具有高效的数据处理、高维数据分析、优化预测模型和实时调度能力，能够提高电力预测的精度和电力调度的效率，优化电力系统的运行管理。随着量子计算技术的不断发展和应用，其在电力系统中的潜力将进一步释放，为电力行业带来深远的变革和提升。

6.2 水电站量子应用示范工程场景

水电站是电力系统中不可或缺的一环，负责利用水资源的势能转换为电能。其核心设施包括水轮机、发电机、水坝和控制系统。这些设施协同工作，通过引导水流驱动水轮机旋转，进而带动发电机发电，产生清洁、可再生的电力。水电站不仅提供了可靠的电力供应，还有助于水资源的合理利用和生态环境的保护。它们对于维护电网的稳定运行、满足用户电力需求以及推动绿色能源发展都起着至关重要的作用。

水电站作为清洁能源的重要来源，其核心设备水轮机与发电机协同工作，实现了将水流势能转化为电能。水轮机负责接收水流动力，驱动其旋转，进而带动发电机发电。发电机的容量根据水电站规模和水量确定，如常见的容量为数百兆瓦。为了确保发电机的高效运行，冷却系统如空气冷却或水冷却被广泛应用。水电站的控制系统则负责监控整个水电站的运行状态，包括水流的调节、水轮机和发电机的控制以及电网的连接与断开。与变电站中的高压断路器相似，水电站的闸门和控制系统能够确保在紧急情况下迅速切断水流，以保护设备和系统的安全。在水电站中，大坝起到了拦截水流、抬高水位和调节水流量的作用，是水电站正常运行的关键设施。同时，大坝的设计和建设也充分考虑了环境保护和生态平衡的需求。此外，水电站还需开展各种状态监测和参数测量，如流量计、水位计、压力计等，用于实时监测水流的流量、水位和压力等参数，为水电站的运行和控制提供必要的数据支持。

水电站的运行和维护同样重要。定期巡检、状态监测和预防性维护可以确保水电站的稳定和安全运行。随着技术的进步，越来越多的智能监控和管理系统被应用到水电站中，实现了对水电站的高效管理和优化调度，提高了水电站的运行效率和可靠性。

水电站量子应用示范如图 6-2 所示。

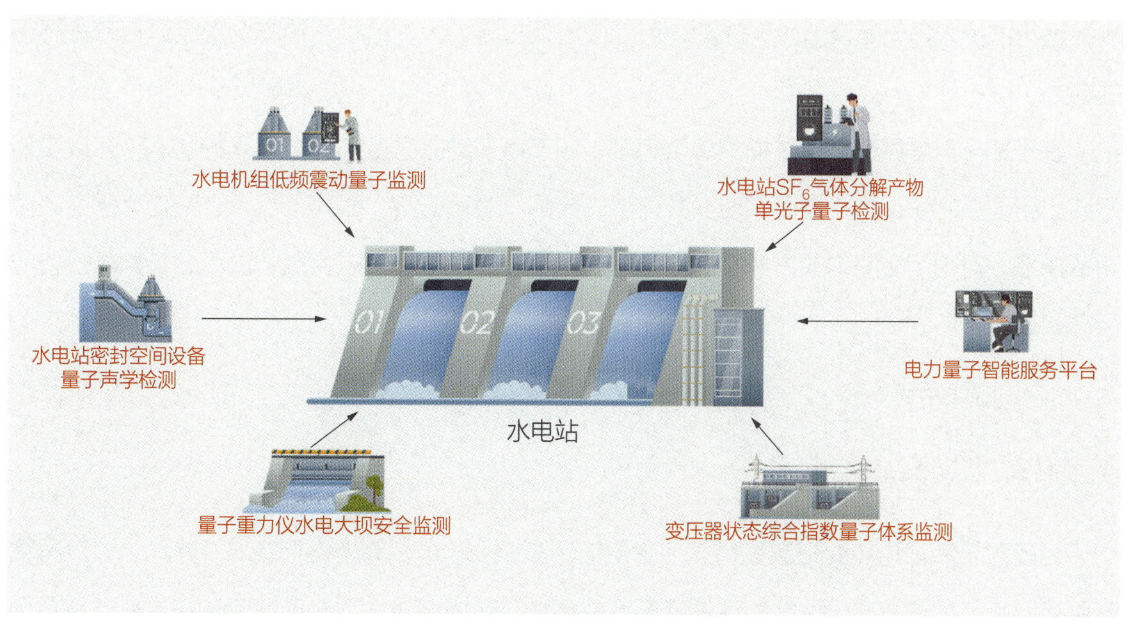

图 6-2　水电站量子应用示范

基于水电运维产业电力量子示范应用主要有以下几个方面:

1. 水电机组设备低频振动测量

水电站低频传感器频率响应范围为 0.5~200Hz（-30%~10%），难以满足低频振动的测量需求（0.5Hz 以下），导致低频振动测量数据不准确，不能真实反应机组设备的状态，影响机组安全，另外，行业内低频振动传感器校准仪截至频率为 0.5Hz 及以上，也难以满足 0.5Hz 以下的校准需求。

因此，基于量子测量，开展高精度低频振动传感器及专用校准仪研制，将振动的幅值信号直接转化为光频率信号，进而实现高达 nm 级振幅精度的测量，解决目前低频传感器响应范围和精度互为约束的难题。

2. 水电站密闭空间内设备监测

对于水电站转轮室、风洞等密闭空间内的设备，当前缺乏相应的技术手段，难以进行设备健康状态评估，往往在设备缺陷发生后造成重大安全事故时才能发现，不利于机组长期安全稳定运行。水轮发电机组在运行过程中，转轮室内部结构组件可能出现的故障有空化空蚀、异物碰撞、部件撕裂脱落、异物卡塞等。在密闭的转轮室内，设备运行状态不易被直接观察和检测，运行维护人员无法及时发现故障，可能会出现故障扩大，给机组的安全稳定运行带来严重威胁。

基于量子声学原理，通过操控单个声子、调节声子的态密度和操控声子的状态，可以实现声波的精确控制和探测，进而实现多种声学的监测，对可听声、振动、次声、结构和水下超声测量技术，对密闭空间内的设备状态进行全面监测，提取设备状态特征，进而分析判断设备的运行状态。

3. 水电站大坝安全监测

当前对于库坝边坡变形测量精度，水平指标在 2~3mm，高程指标在 6~9mm，该测量精度直接影响库坝边坡安全性能的评估结果，提高其测量精度对大坝安全风险管控具有非常重要的意义。

量子重力仪通过测量大坝周围重力场的变化来监测大坝的周围地质变化情况，可以判断大坝周边地质灾害、库岸边坡变形实时信息采集与灾害预警。

基于量子重力仪的地质变化监测如图 6-3 所示。

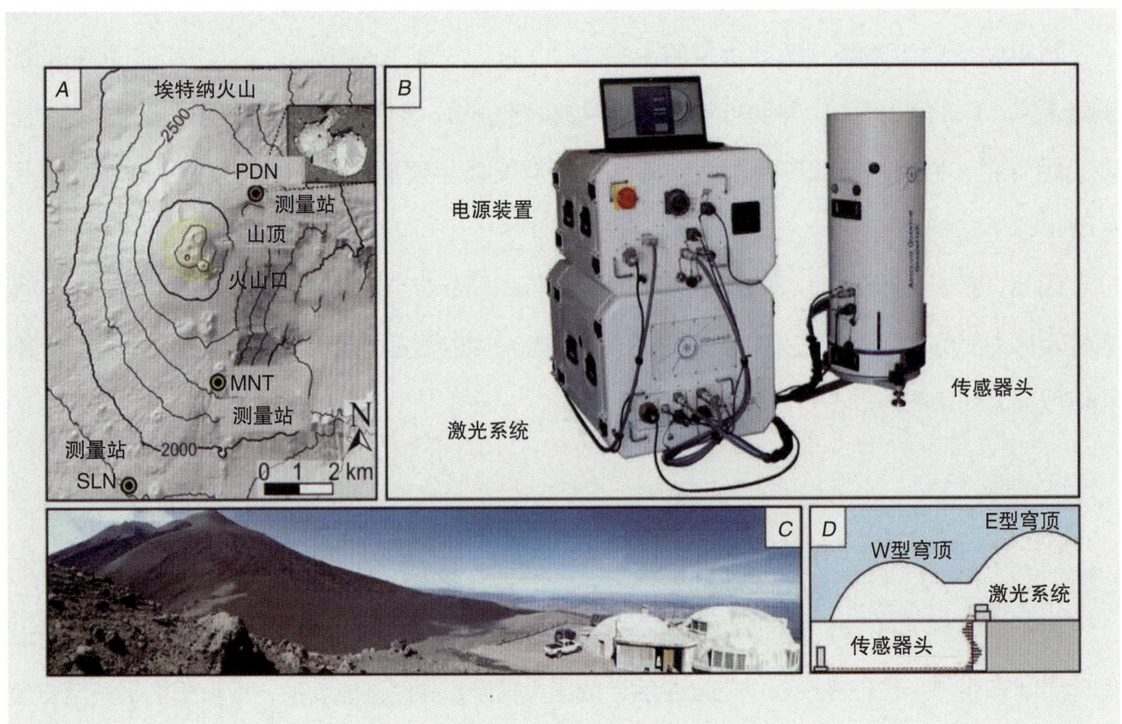

图 6-3　基于量子重力仪的地质变化监测

4. 水电站 SF_6 气体分解产物检测

通过检测与跟踪 SF_6 电气设备中气体产物的变化趋势，可为设备的故障分析、趋势预警提供数据依据。但现有的检测装置采用电化学传感器法，检出限为 5 μL/L，在设备缺陷初始阶段，气体产物浓度较低时，往往难以检测到故障；且缺少在线检测技术手段，不利于故障数据的长期追踪与监视。

量子技术在气体成分监测中的应用，尤其是可调谐半导体激光吸收光谱（TDLAS）或者单光子探测技术，以其宽光谱范围、波长可调谐性、高功率和高稳定性等特点，为水电站内气体监测领域带来了新的解决方案。这些技术不仅提高了气体监测的准确性和灵敏度，还实现了原位、连续、实时测量，为环境保护、工业生产等领域的气体监测提供了有力支持。

5. 气体绝缘金属封闭高压电气设备局部放电测试

通过特高频法开展局部放电检测，可以预判气体绝缘金属封闭高压电气设备绝缘故障。局部放电信号频带在 300~1500MHz，而现有局部放电检测装置采集频率一般为 100MHz，且局部放电信号往往是采用同轴电缆远距离传输，1GHz 信号 100m 距离衰减可达 13~27dB，极可能导致局部放电信号漏检，现有监测装置可实现的定位精度也不高，约 1m。同时，特高频局部放电带电检测装置应用越来较多，但缺少相应的校准手段，难以保证检测的准确度。

里德堡原子在高频电磁场测量中展现出了卓越的性能。其高激发态、大主量子数、长寿命和强极化率等特点，使其对外电场极为敏感。基于里德堡原子的电场测量技术，如电磁诱导透明效应，提供了远超传统方法的灵敏度和准确性。这种技术可以实现高频电磁场的精确测量，分辨率可达 8 μV/cm，且无须校准，可实现对局放电信号脉冲准确捕捉。

6. 变压器状态综合指标监测

变压器是水电站电力系统中关键设备之一。目前大多变压器在线监测装置是对单一参量或部分参量进行监测，常见有油中溶解气体、油温与绕组温度、铁芯和夹件接地电流，不能全面地反映变压器的整体运行状态。各监测参量独立分析，未实现数据融合，难以给出变压器状态的综合指标，导致变压器状态分析结果准确性差，故障不报或者误报频发。

在量子传感中，电磁场、温度、压力等外界环境可以直接与电子、光子、声子等体系发生相互作用，通过检测这些体系量子态的变化，实现对外界环境多参量高灵敏度的同步测量，进而对介质损耗、电容、局部放电，本体局部放电、振动、声音、温度等监测，获取更全面反映变压器状态的参量。

7. 基于电力量子智能服务平台

长江水力水电站所在流域包含 110 台机组，控制金沙江及长江中上游流域面积达 100 万 km^2，涉及接入设备数据 90 万以上，接入测点数据 200 万以上，形成构建了“水 – 机 – 电”复杂系统全要素高精度多源信息体系。

基于量子物理中的微观粒子叠加态来实现并行加速的计算设备，具备计算速度和精度的双重潜在优势。相较于现有的经典计算机方法，基于量子计算的智能服务平台存在如下优势：①速度快，利用光量子计算机的物理叠加能力，通过特定数学模型完成优化问题到物理系统的映射，从而提高优化计算的速度；②准确度高，利用光量子系统的能量演化原理，实现对整个流域信息的并行搜索模拟计算，从而有更大概率获得更优的解。

8. 电力量子数据安全防护措施

基于量子不确定性原理，采用 QKD 技术，使数据通信的双方能够产生并分享一个随机的、安全的密钥，来加密和解密消息，提升了数据传输的速度，保证了安全性与可靠性，构筑全面高效的网络安全防护体系，为水电站安全、可靠的快速响应与主动控制提供了技术支撑；同时可基于原有的专网光纤网络，可有效减少前期投资和后期维护。

6.3 舰船电力量子示范工程场景

湖北地区中国船舶重工集团公司（CSSC）下属的主要研究所有多家，它们各自承担着不同的研发任务和业务领域，共同构成了中国船舶重工集团公司在湖北地区的重要科研力量，各自在船舶设计、电子信息、光电技术、通信系统等领域承担着重要的研发任务，为国家的国防建设和科技进步作出了巨大贡献。

军用舰船有航空母舰、驱逐舰、护卫舰、导弹艇和潜艇等。电在舰船上的用途涵盖了动力推进、电力拖动、电气照明、通信导航设备、其他用电设备等多个方面。电力在舰船上的应用不仅提高了舰船的性能和效率，也为舰员提供了更加舒适和安全的工作和生活环境。在电力推进方面，船舶采用电力推进方式，可以通过电动机驱动螺旋桨，从而推动船舶运行。这种推进方式相较于传统的机械推进，具有更高的灵活性和机动性。在一些先进的战舰上，采用全电推进方式，即全舰所有原动机都用来产生电力，通过计算机分配和控制，电力可以迅速高效地分配给最需要的组件，如电磁弹射装置、电动升降机等高耗能武器和设备。舰船上的通信、导航设备，如无线电收发报机、电话、广播、声光警报器、电子钟、设备舵角指示器、电罗经、计程仪等，都依赖于电力供应来保证其正常运行。舰船上的电力系统通过电缆电线将电能传送给全船所有的用电设备，形成一个复杂的电力网络。这个网络需要高效的电力分配和传输系统来确保电能的稳定供应。

舰船综合电力系统的电力量子测量如图 6-4 所示。

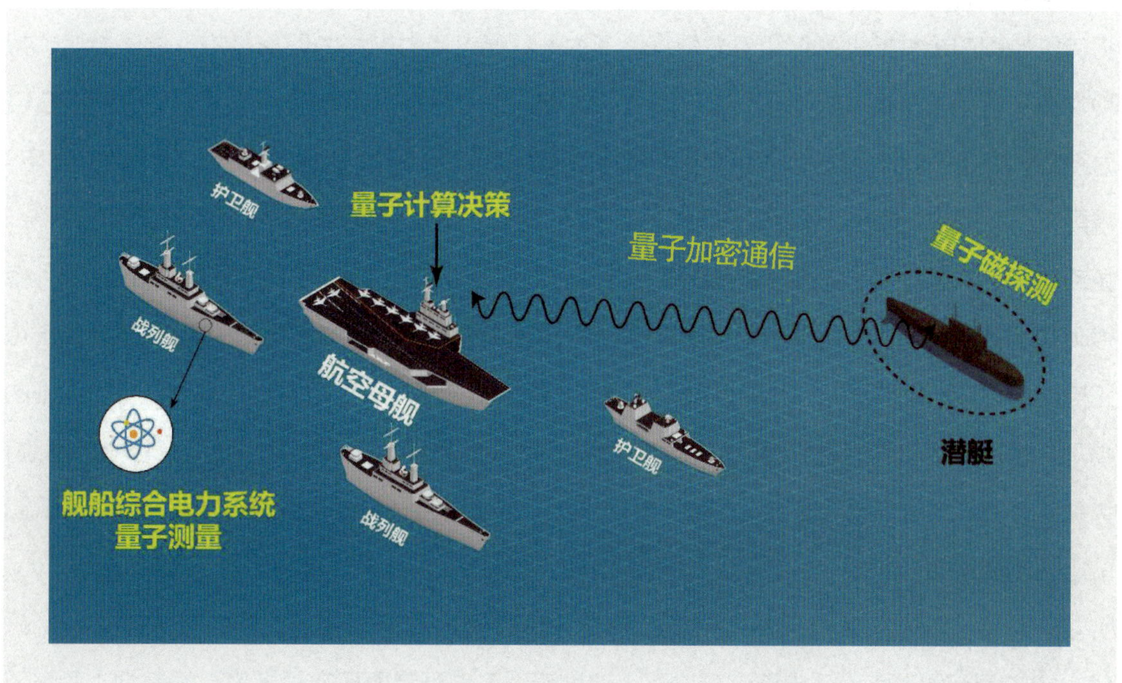

图 6-4　舰船综合电力系统的电力量子测量

量子技术在舰船上的应用是非常具有前景的，涉及多个技术层面。

1. 磁隐身与探测

磁隐身性能是潜艇隐蔽性的重要组成，是确保潜艇生命力和作战力的重要保证。目前国外磁异常反潜主要通过检测潜艇本身的磁场特征来发现潜艇目标，因此如何探测潜艇微弱的磁场是潜艇反隐身的关键技术之一。潜艇自身产生磁场主要包括固定磁场、感应磁场和尾流磁场等。在航行过程中潜艇固定磁场会逐步积累，进而影响磁隐形性能，需要利用消磁系统消磁，然而，由于潜艇结构的复杂性，需要分布式磁场探测才能知晓消磁的效果，常规磁场探测器无法做到高精度、宽量程，基于金刚石 NV 色心的磁场探测技术在很宽的工作温度范围内仍然具有优异的量子操控特性，正在成为超导线路、原子蒸汽后极具应用潜力和价值的量子测量物理载体。作为少数在常温下还能实现量子能级调控的量子测量物理载体，金刚石 NV 色心有望在舰船磁测量领域得到广泛应用。

2. 舰船综合电力系统的电力测量

综合电力系统（Integrated Power Systems，IPS）是舰船动力系统的第三次革命，它将传统船舶的机械推进系统和电力系统合二为一，通过电力网络为船舶推进、通信导航、特种作业和日用设备等提供电能，实现了全船能源的综合利用。第一代 IPS 为中压交流综合电力系统，在各国已广泛使用。第二代 IPS 为中压直流电网结构，相比第一代，第二代在发电、输配电、变配电、推进分系统上有较区别，同时新增了储能分系统，升级了能量管理分系统。直流输配电不再需要体积大的推进变压器与配电变压器，减少变换设备的体积与质量；无须传输无功功效可以减少电缆质量。但第二代 IPS 的制造相对困难，主要难点体现在直流系统短路电流不存在自然过零点，对中压直流断路器分断困难；中压直流电网结构易出现电压失稳的情况。快速、宽量程的直流电压电流测量有助于解决此类问题。基于金刚石 NV 色心的宽频、大动态范围、高精度电流测量，和基于里德堡原子的高精度、高灵敏度的电场测量能够为舰船的电力测量助力。

利用金刚石 NV 色心天然的磁敏感特性，可以通过测量导线周围的磁场大小，利用磁场 - 电流反演算法来实现电流测量过程。这种新型电流测量原理在灵敏度、稳定性、测量范围、工作温度范围等方面相较传统电流测量原理优势明显。里德堡原子在电场测量中的应用主要基于其独特的性质，特别是它们对外部电场的敏感性。当里德堡原子处于电场中时，其能级和跃迁特性会受到电场的影响，从而可以通过测量这些变化来推算出电场的强度。里德堡原子通过其独特的性质和对外部电场的敏感性，提供了一种高精度、高灵敏度的电场测量方法。

3. 信息保密通信

量子通信基于量子密钥分发（QKD）技术，能够构建复杂的密码系统，并在第一时间发现密码被窃取，从而有效抵抗针对密码系统的攻击。在舰船通信中，量子通信可以提供更高的安全性，保护舰船之间传输的敏感信息免受拦截和破译。

4. 舰船多任务快速决策

全电船舶储能应用研究综述指出，大容量储能系统接入船舶后带来的若干亟待解决的技术问题，即船舶储能系统分布式控制、船舶储能系统适应性规划与优化，以及船舶储能系统状态评估等。这些技术问题的解决对于船舶动力系统的稳定运行至关重要。综合电力系统和船舶大容量储能系统的发展，不仅提高了船舶的经济性和环保性，还为舰船提供了更高的战斗力和生命力。随着技术的不断进步，未来船舶的电力系统将更加智能化、高效化，为海上运输和海军作战提供强大的动力支持。

量子计算具有突破经典算力瓶颈的潜力，能够在某些特定问题上实现比传统计算机更快的处理速度。在舰船中，量子计算可以用于优化复杂的作战计划、物流管理和资源分配等问题，提高舰船的作战效率和响应速度。量子计算在舰船中的应用涵盖了导航、通信、计算优化、传感器、材料设计和人工智能等多个方面。随着量子技术的不断发展和成熟，相信未来量子计算将在舰船领域发挥更加重要的作用。

6.4　地 – 月空间电力量子示范工程场景

随着人类对深空探索的不断追求，月球科研站的建设成为了实现此目标的关键一环。在这一过程中，能源供应成为制约因素之一。传统的能源供应方式在月球这样的极端环境下面临着诸多挑战，如能源转换效率低、供应不稳定、无法长期自给自足等问题。因此，研究并构建一个适应月球环境、高效可靠的微电网综合能源基地，对于支持月球科研站的长期运行和深空探测任务具有重要的战略意义。

近期有研究提出的月球微电网综合能源基地，不仅能够为月球科研站提供稳定的能源供应，还将推动相关能源技术的发展。该基地的建设和运行将验证多种新型能源技术在月球极端环境下的可行性，为未来深空探测任务提供宝贵的技术储备。此外，月球微电网的成功实践也将为地球上的新型电力系统建设提供参考，促进能源技术的创新和发展，具有深远的科学研究和实际应用价值。

月球微电网综合能源基地对未来深空探测任务的影响是多方面的：①技术创新，该基地的建设涉及多种新型能源技术，如空间光伏发电、氢燃料电池、核反应堆电源等，这些技术的成功应用将推动深空探测能源技术的进步。②能源自给自足，月球微电网能够在恶劣的月球环境中提供稳定的能源供应，这对于长期的深空探测任务至关重要，它能确保月球科研站及其他设施的能源独立性。③战略布局，月球作为深空探测的重要门户，月球微电网综合能源基地的建设将成为国家利益的新战略高点，有助于提前谋划和布局未来的深空探测任务。④推动地球技术发展，月球能源电力技术的突破和成功验证将对地球上新型电力系统的建设和发展产生积极影响，促进地球能源技术的革新。⑤支持长期探测任务，月球微电网综合能源基地将支持月球科研站的长期运行，为未来可能的有人驻留任务提供持续的能源供应。这些影响表明，月球微电网综合能源基地不仅是实现月球科研站能源供应的关键，也是推动整个深空探测领域向前发展的重要基石。

月球微电网综合能源基地蓝图如图 6–5 所示。

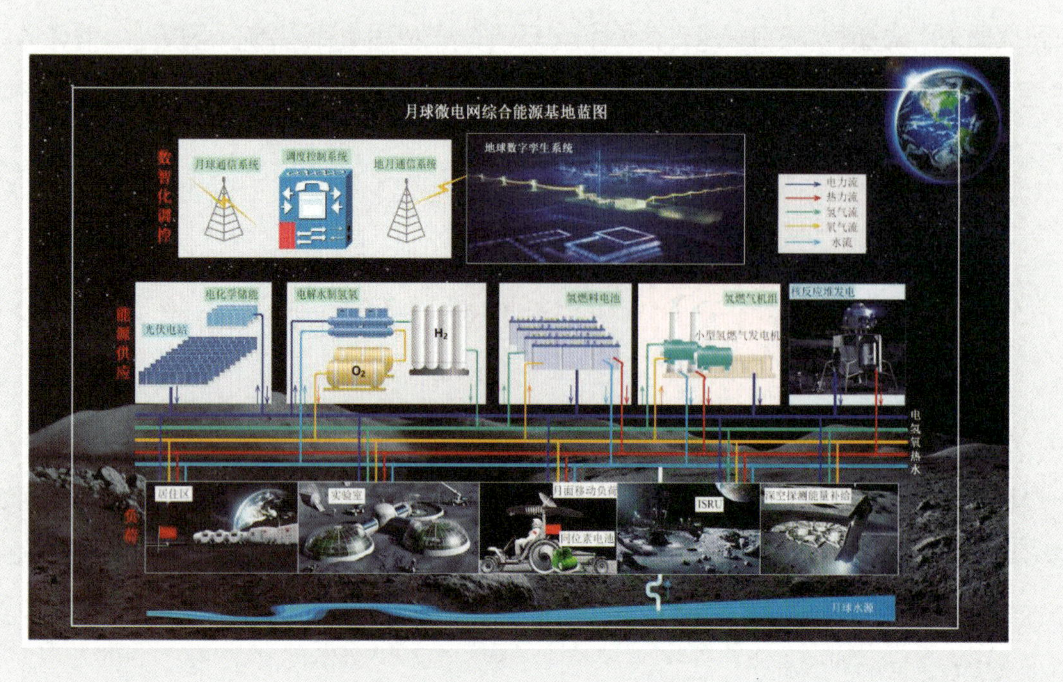

图 6–5　月球微电网综合能源基地蓝图

量子技术在月球微电网综合能源基地的应用是非常具有前景的，涉及多个技术层面：

1. 实时监测电网参数

量子传感器以其高灵敏度和精确度，在能源监测领域具有重要应用。在月球微电网综合能源基地中，量子传感器可以用于实时监测电网的各项参数，如电压、电流、频率和温度。这些数据对于维护电网的稳定运行至关重要。例如，量子传感器可以用于监测核反应堆的运行状态，确保其安全稳定地提供能源。

2. 保护能源数据安全

量子通信技术，特别是量子密钥分发（QKD），为数据传输提供了新的安全保障。在月球微电网综合能源基地中，量子通信可以用于保护能源管理数据的安全，防止潜在的窃听和干扰。月球基地必然将是我国未来空间重要的战略基地之一，数据通信安全不可忽视。例如，量子通信可以用于保护从月球基地到地球控制中心的数据传输，确保指令和监控数据的安全。此外，量子通信还可以在月球基地内部的不同模块之间提供安全的通信链路，如从能源生产单元到储能和分配单元的数据传输。

3. 优化能源分配调度

量子计算机因其超越传统计算机的处理能力，在能源管理系统中的应用前景广阔。在月球微电网综合能源基地中，量子计算机可以用于优化能源分配和调度。例如，通过量子算法，可以在短时间内完成对电网状态的模拟和分析，预测能源需求，从而优化光伏发电、燃料电池和核反应堆等多种电源的输出组合。这种优化能够确保在月球昼夜极端温差和不同科研任务需求下，能源供应的高效率和稳定性。

这些应用展示了量子技术在月球微电网综合能源基地中的多样性和潜力。量子技术的引入不仅提高了月球微电网的技术水平，也为未来的能源系统提供了一个全新的发展方向。随着量子技术的进一步发展和成熟，我们可以预见它在月球乃至其他深空探测任务中的能源系统中发挥更加重要的作用。

7 湖北省电力量子科技产业发展建议

7.1 面临的挑战

湖北省在电力量子信息技术的研究与应用已有相当的基础，但面向大规模应用及产业化发展，仍需应对一些挑战，包括：

电力领域量子技术顶层设计不足。目前，省内电力领域内各单位的研究活动呈现出分散独立的状态，缺乏一套统一认可的研究体系和协作机制，未能高效协同发展为有机整体。各方独立研究，尚未在电力量子领域形成 1+1＞2 的效应，这种状况不利于电力领域在量子技术的整体发展和应用推广。

电力领域量子技术研究和应用验证较少。电力领域不仅涵盖电力系统的发电、输电、配电和用电等各个环节，还涉及众多用电行业场景。目前的研究主要集中在电力传感、基标准等方面，然而，对于应用场景的验证却相对较少。这种状况难以支撑未来量子技术在电力领域的大规模应用和产业化发展，有必要加强对量子技术在电力领域应用场景的验证，以促进其在实际应用中的推广和普及。

电力量子技术核心器件及材料“卡脖子”。国外在量子技术的研究水平上整体领先于国内，尤其是在金刚石 NV 色心、里德堡原子、高速量子调控器件等核心部件或高端材料方面，我国与国际先进技术仍存在一定的差距。这种“卡脖子”现象限制了湖北省电力量子技术的进一步发展和应用。因此，加强核心器件及材料的自主研发和创新，充分发挥湖北省在基础量子器件方面的研发和产业优势，提高湖北省电力量子技术的整体水平，是当前亟待解决的问题。

7.2 产业发展建议

梳理产业全景分布，做好电力量子测量顶层设计。系统梳理湖北省内本地量子科技与电力产业链清单，进一步完善本省电力量子科技产业链供应链企业，针对断点环节确定关键合作研发与企业名单。针对优势环节，鼓励大学衍生企业、新型研发机构孵化企业、科学家创业。加快特种实验室建设，形成具备超低温、冷原子，量子光学、固态量子系统实验能力的新型研发窗口，夯实电力量子信息技术全产业链能力。支持湖北省建设量子信息技术产业园，常态化开展量子产业重点项目调度会。

创新应用场景，全面引领量子产业创新发展。加强电力应用场景牵引，打造量子赋能产业生态。明确政府和企业布局未来产业的具体措施和包容政策，常态化开展供需对接会。鼓励国网湖北省电力有限公司、长江水利水电开发集团（湖北）有限公司、中国船舶集团有限公司等大型量子产业企业积极探索电力量子场景应用，开拓新模式、新服务、新业态。以行业特色场景需求为牵引，围绕重点应用领域，组织量子科技创新任务揭榜挂帅，探索创新成果应用转化路径和方法。

突出创新驱动，加强量子科技原创性、颠覆性技术攻关。强化基础研究前瞻布局，夯实原始创新能力。依托武汉光谷信息技术股份有限公司、武汉量子技术研究院等创新资源集聚区，集聚人才、资金、项目等创新资源，开展量子测量、量子通信、量子计算等关键技术攻关。在量子测量领域，加强基础研究与应用研究衔接，实现核心元器件自主可控，提升设备关键性能指标，满足场景应用需求。不断推进量子测量装备研制，提升系统化开发能力。在量子通信领域，加快顶层设计，融入全国量子保密通信网络建设。在量子计算领域，加快补齐高性能激光等短板，强化量子器件物理、量子比特操控、量子门操作、量子纠错处理等关键共性领域攻关，推动量子计算机特定问题计算能力实现量子优越性。